青少年

能 力
培养课

情商

杜兴东　编著

全球经典的品质培养成长书系之一

你的人生第一课

北京出版集团
北京出版社

图书在版编目(CIP)数据

青少年能力培养课.情商／杜兴东编著.— 北京：
北京出版社，2014.1
　(青少年综合素质培养课)
　ISBN 978 - 7 - 200 - 10297 - 0

　Ⅰ.①青… Ⅱ.①杜… Ⅲ.①青少年—能力培养
Ⅳ.①G421

　中国版本图书馆 CIP 数据核字(2013)第 282109 号

青少年综合素质培养课
青少年能力培养课　情商
QING-SHAONIAN NENGLI PEIYANGKE　QINGSHANG
杜兴东　编著
*
北　京　出　版　集　团
北　京　出　版　社　出版
(北京北三环中路 6 号)
邮政编码：100120

网　　址：www．bph．com．cn
北 京 出 版 集 团 总 发 行
新　华　书　店　经　销
三河市同力彩印有限公司印刷
*
787 毫米×1092 毫米　16 开本　12 印张　170 千字
2014 年 1 月第 1 版　2023 年 2 月第 4 次印刷
ISBN 978 - 7 - 200 - 10297 - 0
定价：32.00 元
如有印装质量问题，由本社负责调换
质量监督电话：010 - 58572393
责任编辑电话：010 - 58572303

前　言

　　细心一点，你会发现这样一个奇怪的现象：在现实生活中，很多学生时代书呆子式的高分大王进入社会后取得的社会成就和财富数量往往比不上很多学习成绩不是很好，但很活跃的同学；同时，往往那些平时分数并不是最高的、学习也不是最用功的同学，却考上了最优秀的大学。为什么当年的那些神童们，很多人到最后都事业平庸呢？

　　传统的观念认为，决定人生命运的主要因素是智商，可是事实上我们发现智商高的人并不一定能获得成功，也不一定能拥有好的命运。研究表明：一个人的成功，智商因素只占20%，出身、环境、机遇等占20%，情商因素占60%。还有人认为："智商决定择业，情商决定升迁。"哈佛心理学系博士戴尼尔·高尔曼在其著作《情商智力》一书中明确指出："真正决定一个人成功与否的关键是情商而非智商。"

　　那么什么是情商呢？情商又称情绪智力，这一概念是由美国的两位心理学家彼得·萨洛韦和约翰·迈耶提出的，指一个人感受、理解、控制、运用和表达自己及他人情感情绪的能力，简单地说就是人的情感和社会技能，这些是智力以外的一切内容。情商与成功、与快乐、与幸福的相关指数都很高，情商较高的人在人生各个领域都占尽优势，无论是人际关系，还是在主宰个人命运等方面，其成功的机会都比较大。此外，情商高的人生活更有效率，更易获得满足，更能运用自己的智能获取丰硕的成果。反之，情商低的人，不能驾驭自己的情感，内心会经常发生激烈的冲突，削弱了他们本应集中于工作的实际能力和思考能力。也就是说，情商的高低可决定一个人的其他能力（包括智力）能否发挥到极致，从而决定他有多大的成就。如果一个人的智商高，而情商低，这个人在学校成绩优异，但走向社会可能未必有成就；而如果智商低，情商高，则情商可以挖掘智商的最大潜力和发挥智商的最大效应，促成人的发展和成功。所以说，情商低可以使智力超常的幼儿变成一个平庸的人；情商高也可以使智力平平的孩子最终创建辉煌的人生。

有这样一个案例：

张驰从上幼儿园大班的时候就表现得迟缓木讷，其他孩子都能熟练地数到 100 了，张驰连数到 20 都有困难。升到高中以后最好成绩也只排到全校 60 多名。但是张驰的父母与老师配合密切，为培育张驰做了大量工作。比如，培养他的兴趣和求知欲；树立孩子的自信心；和老师沟通；培养好习惯；学会自己做事；树立必要的吃苦精神；体会父母的苦心；懂得做人比学习更重要……1997 年刚在北京四中读完高二的张驰，就得到英国爱塞克斯大学本科录取通知书，22 岁拿到剑桥大学全额奖学金，成为有史以来最年轻的中国籍博士生，同时负责 4 个硕士和 8 个本科生的论文指导。

由此我们可以看出：情商在人生的成功中起着决定性作用，只有与情商联袂登台，智商才能得到淋漓尽致的发挥。在许多领域卓有成就的人当中，有相当一部分人，在学校里被认为智商并不太高，但他们充分地发挥了他们的情商，最后都获得了成功。

许多家长经常抱怨："我的孩子要什么我就给什么，他（她）穿的是最好的，吃的是最好的，玩的是最好的，家里什么事也不要他（她）做，我只要求他（她）把学习成绩搞好就可以了。可你看，不但成绩没搞好，还动不动就发脾气。"其实，这还是缺乏情商的教育培养所带来的后果。

在青少年成长过程中，如果情商能力不足，很容易变得性格孤僻、怪异，不易合作；自卑、脆弱，不能面对挫折；急躁、固执、自负，情绪不稳定……此外，由于很多家长重视孩子的智商培养，忽视对他们进行情商的培养，使得一些青少年只知索取，不知给予；只知独占，不知分享；只知被爱，不知爱人；对于家长的爱、他人的爱，只见物，不见情。

随着社会的发展，情商越来越受到人们的关注，青少年正处于性格、人格塑造的关键时期，应在发展孩子智商的同时，也关心孩子情商的培养。

目　录

第一章

走进情商时代

认识情商

1990 年，一个心理学概念的提出在世界范围内掀起了一场人类智能的革命，并引起了人们旷日持久的讨论，这就是美国心理学家彼得·塞拉维和约翰·梅耶提出的情商概念。紧跟其后的 1995 年 10 月美国《纽约时报》的专栏作家丹尼尔·戈尔曼出版了《情感智商》一书，把情感智商这一研究成果介绍给大众，该书也迅速成为世界范围内的畅销书。

丹尼尔·戈尔曼说："成功是一个自我实现的过程，如果你控制了情绪，便控制了人生；认识了自我，就成功了一半。"这句话影响着一代又一代人，如果你拥有了情商，那么你就可以让心中时时充满绿意。

随着人类对自身能力认识的深入，越来越多的人认识到在激烈的现代竞争中，情商的高低已经成了人生成败的关键。作为情商知识的受益者，美国前总统布什说："你能调动情绪，就能调动一切！"

大家有没有注意到：有些人物质生活虽然不富有，但是看起来幸福满足，生活充满了欢笑和友谊；而那些相对富有的人经常抱怨生活的不公，总在花大把的时间跟每个人倾诉，为什么他们的处境这样不好？

学术、事业和物质生活的成功一定是幸福所必需的吗？一个人多成功和一个人到底有多幸福，二者之间的矛盾我们怎么来解释？答案就是情商——一种了解和控制自身和他人情感的方式。有了它你就可以把握说话做事的分寸，去促成想看到的结果。那么什么是情商呢？

情商是 Emotional Quotient 的缩写，翻译过来就是情绪智慧。但这样的答案显然过于简略，要想更深入地认识情商，就有必要了解情商与智商的关系，因为在某种程度上，情商概念是作为智商的对立面提出的。戈尔曼在他的书中明确指出，情商不同于智商，它不是天生注定的，而是由下列5种可以学习的能力组成的：

1. 了解自己情绪的能力。能立刻察觉自己的情绪，了解情绪产生的原因。

2. 控制自己情绪的能力。能够安抚自己，摆脱强烈的焦虑、忧郁以及控制刺激情绪的根源。

3. 激励自己的能力。能够整顿情绪，让自己朝着一定的目标努力，增强注意力与创造力。

4. 了解别人情绪的能力。理解别人的感觉，察觉别人的真正需要，具有同情心。

5. 维系融洽人际关系的能力。能够理解并适应别人的情绪。

心理学家认为，这些情绪特征是生活的动力，可以让智商发挥更大的效应。所以，情商是影响个人健康、情感、人生成功及人际关系的重要因素。

情商的培养有利于你去做出选择，主导生活的各个领域。简单地说，情商就是与自我、与他人相处的能力，它更需要人们如何处理情感。

1. 辨认情感：情感携带着数据信息，向我们暗示了身边正在发生的重要事件。我们需要准确地辨认自己和他人的情感，来更好地传达自我的情绪，有效地与他人交流。

2. 运用情感：感受的方式影响着思考的方式和内容。遇到重要的事情，情商确保我们在必要的时候及时采取行动，合理地运用思维来解决问题。

3. 理解情感：情感不是随意性的事情。它们有潜在的诱发因素，一旦理解了这些情感，就能更好地了解周围在发生和即将发生的事儿。

4. 管理情感：情感传达着信息，影响着思维，所以我们需要巧妙地把理智与情感结合，才能更好地解决问题。不管它们受不受欢迎，我们都要张开双臂去接受、去选择有情商的策略。

下面就用一个案例来说明一下，人们是如何处理情感的。

超市等着结账的队伍排得越来越长。玛格丽特大概排在队伍的第十位，因此看不太清楚前面发生了什么事。只听到有人叫来主管，在开收款机检查，看来得等很长时间了。

玛格丽特等得有些不耐烦了，但是理智告诉她不能发火，因为她认为出现事故也不是收银员的错。时间过去了 10 分钟，收款机还没有修好，这时队伍远处有喊叫声。队伍前面有个男子在骂收银员和主管，"你们是什么专业素质啊！这么大的超市怎么会犯这种低级的错误呢？""你不会修好收款机啊？没看见队伍有多长吗？我还有事，太可恶了。"这个男士越说越气。

收银员和主管只好道歉，说他们已经在尽力修了。他们建议男子换个收款台。"为什么我要换啊？是你们的错，又不是我的错，浪费我的时间，我要给你们领导写信。"男子丢下满是物品的购物车，愤愤地离开了超市。

男子离开后一两分钟，又发生了 3 件事。为了不耽误这支队伍的顾客交款，超市在旁边又专门开了一个收款台；刚才坏了的收款机也修好了；为了表示道歉，主管给玛格丽特及这个队伍中的其他顾客每人 5 英镑的优惠券。

玛格丽特挺高兴的，不仅买到了东西还得到了优惠。同时，那个愤怒的男子不仅没购成物，没得到优惠券，还跟人生气发火。

在这个故事中，谁运用了情商？显然是玛格丽特，她虽然生气了，但她没有发火，只是耐心地等待，她站在别人的角度分析了情况。而她前面那个愤怒的男子完全没有控制自己的情感，也没有任何的社交技能。

《牛津英语词典》上说："情绪是心灵、感觉、情感的激动或骚动，泛指任何激动或兴奋的心理状态。"简单来说，情绪是一个人对所接触到的世界和人的态度以及相应的行为反应，就是快乐、生气、悲伤等心情，它不只会影响我们的想法和决定，更会激起一连串的生理反应。

情商是一种能力，是一种准确觉察、评价和表达情绪的能力；一种接近并产生感情，以促进思维的能力；一种调节情绪，以帮助情绪和智力发展的能力。这种能力的运用就是一门艺术。

　　人的情绪体验是无时无处不在的，相信我们每个人都有过莫名其妙被某种情绪侵袭的经验。这些情绪体验既包括积极的情绪体验，也包括消极的情绪体验。不是所有的情绪都是对人的行为有利的，所以，认识情绪，进而管理情绪，成为了我们必须正视的课题。

情商是"命运的使者"

　　情商是人在进化中发展出来的技能。正是因为有了情商，人才能够在进化中逐步胜出，最终成为地球上的统治者。无数事例证实：情商就是一种情绪管理的能力。情商高，代表着情感管理的能力强，人际关系和社会适应力也比较好。反过来说，情商低，就代表一个人常常会陷入大悲大喜的情况，因为这种巨大的情绪起伏而使他（她）最终一事无成；情商低的人，其人际关系容易紧张，社会适应力也较差。

　　一个人在生活中经常会遇到种种不如意，有的人容易因此大动肝火，结果把事情搞得越来越糟。而有的人则能很好地控制自己的情绪，泰然自若地面对各种刁难，在生活中立于不败之地。

　　美国一位来自伊利诺伊州的议员康农在初上任时就受到了另一位代表的嘲笑："这位从伊利诺伊州来的先生口袋里恐怕还装着燕麦呢！"

　　这句话的意思是讽刺他还有着农夫的气息。虽然这种嘲笑使他非常难堪（也确实如此），但这时的康农并没有让自己的情绪失控，而是从容不迫地答道："我不仅在口袋里装有燕麦，而且头发里还藏着草屑。我是西部人，难免有些乡村气，可是我们的燕麦和草屑，却能生长出最好的苗来。"

　　康农并没有恼羞成怒，而是很好地控制了自己的情绪，并且就对方的话"顺水推舟"，作了绝妙的回答，不仅自身没有受到损失，反而使他从此闻名于全国，被人们恭敬地称为"伊利诺伊州最好的草屑议员"。

　　这位议员无疑是一个高情商者，对于讽刺和攻击他的语言，他没有愤怒，而是及时控制住自己的情绪，用高情商化解了矛盾与尴尬。

很多著名学者一直认为，情商是一种管理情绪的艺术，如果你要快乐幸福地生活，你就要学会了解和管理自己的情绪，这也是提高你情绪智商的办法。掌握并认真地利用好这门艺术，将会令你受益一生。

海斯是一位学问高深的学者，曾获得世界一流学府斯坦福大学的博士学位。他有过这样一段令他深思的往事：

我从前在部队服役的时候，做过一个智商测试，测试的结果是我获得了 160 分，是基地里得分最高的。按照测试标准，我的智商已经到了天才的水平。

我认识一位汽车修理工，我估计他如果参加智商测试，分数大概仅仅是人类智力的平均分——90 分而已，所以我理所当然地认为我远比他聪明。然而，每当我的汽车出毛病，我又不得不去找这个低智商的人来解决问题，对他的结论洗耳恭听、奉若神旨，而他每次都能让我的汽车变得完好如初。

有一次，他从引擎上抬起头来，笑嘻嘻地对我说："博士，有一个聋哑人到五金店买钉子，他把左手食指和拇指并拢放在柜台上，右手做了几次敲打的动作，店员拿了一把锤子给他，他摇摇头。店员注意到了他左手并拢的拇指和食指，于是给他拿来了钉子，这回聋哑人满意了。那么，博士，我来考考你，接着又来了一个瞎子，他想买剪刀，你说他该怎么表示呢？"我伸出食指和中指，做了几次剪的动作。修理工哈哈大笑："你这个笨蛋！他当然是用嘴说啦！"接着，他得意地说："今天我用这个问题考了很多人。"

我问他："上当的人多吗？""不少。但我知道你肯定会上当的。""为什么？"我大吃一惊。"因为你受的教育太多了，我知道你有学问，但不会太聪明。"

海斯是一个高智商的人，但就是一个这么简单的问题，他都没有回答上来，这是为什么呢？这就是情商在作怪，最起码他在情商这一块领域不像他智商那么出色。

资深学者丹尼尔·戈尔曼宣称："婚姻、家庭关系，尤其是职业生涯，凡此种种人生大事的成功与否，均取决于情商的高低。"一份有关调查报告披露，在贝尔实验室，顶尖人物并非是那些智商超群的名牌大学毕业生。相反，一些智商平平但情商甚高的研究员往往以其丰硕的科研业绩成为明星。其中的奥妙在于，情商高的人更能适应激烈的社会竞争局面。

与社会交往能力差、性格孤僻的高智商者相比，那些能够敏锐了解他人情绪、善于控制自己情绪的人，更可能找到自己想要的工作，也更可能取得成功。情商为人们开辟了一条事业成功的新途径，它使人们摆脱了过去只讲智商所造成的无可奈何的宿命论态度。

美国前总统比尔·克林顿小时候智商很高，小学的时候就一直品学兼优，但是他并没有注意培养自己的情商。有一次学校把成绩单拿回来了，克林顿各项成绩都是 A，也就是优秀，但是有一项成绩不是 A，是 D，哪一科呢？行为。为什么行为是 D，老师是这样解释的：每次老师提问，比尔都会抢着回答，他智商高嘛，但是这样抢着回答，没给其他同学机会。给他打 D 这个分，就是提醒他一下，今后要注意改进。"给别人机会"，这已经超出了智商的范畴，只有情商高的人才懂得。

克林顿吸取了教训，当总统后，他提出了给一个人最高的奖赏是给一把钥匙，一把什么钥匙？开启未来成功大门的钥匙。这个钥匙是什么呢？奖学金。这就是给别人一个机会。克林顿是高情商和高智商的结合，不仅是聪明，而且是非常聪明。

多年以来，人们一直以为高智商可以决定高成就，其实，人一生的成就至多只有20%归功于IQ，另外80%则受EQ因素的影响。所谓20%与80%并不是一个绝对的比例，它只是表明，情感智商在人生成就中起着不可忽视的作用。尽管智商的作用不可或缺，但过去把它的作用估量得太高了。

为此，心理学家霍华·嘉纳说："一个人最后在社会上占据什么位置，绝大部分取决于非智力因素。"许多材料显示，EQ较高的人在人生各个领域都占尽优势，无论是谈恋爱、人际关系，还是在主宰个人命运等方面，其成功的机会都比较大。

　　高情商的人都深知一个道理，那就是情商在引领他们走向卓越，超越平庸。智商对于绝大多数的人来说是差不多的，而后天的情商教育与情商培养可以改变我们的生命轨迹。当你信任情商的力量时，情商就会带给你意想不到的奇迹。

决定感觉的 6 秒钟

情绪是由我们大脑中的边缘系统产生的一种化学物质。虽然情绪的产生不能被我们掌控，但情绪所具有的信息及其价值可以成为辅助思考和行动的得力助手，只是，这需要我们在情绪产生的那一刻耐住性子等待约 6 秒钟——因为，只有在经过大约 6 秒钟之后，边缘系统才能完成传递情绪信息的过程——将它产生的情绪信息传递给脑皮质，这时，大脑的这两个重要部分才真正有了联系。

1. 6 秒钟：这个时间点是由我们人类的生理系统所决定的。

6 秒钟之前，我们的情绪不能被"理智"影响，这时如果发生了行动，就是出于人类天生的本能，即纯"情绪化"的反应；而 6 秒钟之后，我们的情绪与思考就可以彼此沟通且综合信息，完成"高情商"的决策与行动。

情商可以说自有人类智慧开始就已启用，而情商领域真正被发现，且作为专项独立的科学课题研究则始于 20 世纪 60 年代——现任 6 秒钟国际情商研究组织主席的凯伦·麦科恩从 1967 年起最早开始研究并教授人们情绪管理的技巧。

6 秒钟国际情商研究组织是目前全球最大的情商研究发展组织，汇集了世界各地的顶级心理学专家。情商大师安纳贝·金森博士在这里担任执行总监 14 年，情商理论的两位创始人萨洛维与迈尔也是该机构的研究专家，我本人与玛莎·瑞蒂奥特也在该机构担任研究与培训的工作。这个组织汇集来自全球各国的情商科学家、教育家及企业领袖，并且每年召集一次全球性的情商论坛——耐克斯情商论坛，以期通过定期交流各国精英的研究精华，为推动人类更为进步的决策和实现人生幸福贡献我们毕生的精力。

2. 6秒钟：决定我们能否运用"暗藏冰山"下情绪的巨大力量。

想象一座冰山，一座在水面上耸立的冰山，它是如此的巨大、奇特、壮观，然而，你所看到的仅仅是很少很少的一部分，只占冰山整体的15%，水面下的冰山是神秘的，它暗藏着支撑整座冰山的力量，这就好比你在日常工作、生活中所看到的行为。你有没有想过不同行为的源头呢？是什么在背后影响和驱动这些行为？这些"暗藏驱动力"就好比隐藏在水面下的那85%的冰山。也就是说，你所看见的自己的日常行为仅仅占15%，而那些影响以至最终促成你行为表现的"暗藏驱动力"占了85%。它就是情商，所以，在我们生活与工作中，情商具有重要的作用，它决定着我们的人生，决定着我们的成败。

幸福书？幸福课？幸福的密码在哪里

幸福就是让你在一个幸福的基准线上下徘徊。而我们是可以通过一些改变，来让你变得"更幸福"，或者是"比过去幸福"。

当我们选择听这门课的时候，我们一方面希望能够真正从那里学到一些让自己更幸福的方法，另一方面我们也知道，其实靠别人的力量是很难彻底改变自己的。所以我们只是怀着积极参与的态度来听课。如果有人希望能够通过这门课达到从地狱迈向天堂的效果，那么他最好不要尝试了，注定是失望。任何时候，我们都不应该将自己的幸福与否寄托到别人身上，而且别人也没有让你变得更加幸福的义务。

幸福书？幸福课？幸福的密码在哪里呢？

一项调查表明，如果你太看重结果的话，那么你达到目标得到的幸福只能维持短暂的一段时间，然后你又会回到原有的幸福水平上。同样如果你失望一段时间后，你也会回到原来的幸福水平上的。

这个世上只有两种人是永远幸福快乐的，一种是精神病人，一种是死人。这门课并不是教给你永远幸福快乐的方法，人类所有的感情，痛苦、失望等都是正常的，只有认识到了这一点，才算是你给自己作为"人类"的权利。如果你不能允许自己有沮丧、发怒、失望等这些不好的感觉，你就是一个完美主义者。

而且，从幸福的角度来讲，不得病或者从不遇到困难并不是完整的幸福，甚至是一个人人生的不幸——有人说人生最大的悲哀就是不敢尝试。只要你还在经历起起伏伏，你还面对很多的未知数，面对很多的挑战，你就是一个幸福的人。

想象中的幸福生活，能带给我们愉悦的感觉。如果你是一个想象力足够丰富的人，你甚至可以身临其境地感受到被幸福包围的美好。当然，如果你想象的是王子和公主遭遇了更多的坎坷，丑恶的巫婆再次玩弄伎俩从中作梗，你的感觉可能就不那么美好了。你的情绪总是受自己的选择的影响，这一点是无可置疑的。

以上的种种都是在讲幸福课，那么幸福在哪儿？其他我们想要获得真正的幸福，就需要运用情商，也就是学会控制情商，这样我们所想象的幸福就会降临在自己的身上。

有一位银行家，在51岁的时候，财富高达数百万美元，而到52岁的时候，他失去了所有的财富，而且背上了一大堆债务。面临巨大的打击，他没有颓废也没有悲观失望，而是决定要东山再起。不久，他又积累了巨额的财富。当他还清最后300个债务人的欠款后，这位金融家实现了他的承诺。有人问他的第二笔财富是怎样积累起来的。

他回答说："这很简单，因为我从来没有改变从父母身上继承下来的个性，就是积极乐观。从我早期谋生开始，我就认为要以充满希望的一面来看待万事万物，从来不要在阴影的笼罩下生活。我总是有理由让自己相信，实际的情况比一般人设想和尖刻批评的情况要好得多。我相信，我们的社会到处都是财富，只要去工作就一定会发现财富、获得财富。这就是我生活成功的秘密，记住总是要看到事物阳光灿烂的一面。这个世界应该更加光明、更加美好，如果人们懂得保持快乐是他们的责任，懂得开开心心地完成自己的职责也是他们的责任，那么，这个世界就会美妙多了。每天都快乐地生活，也是让别人幸福的最好保证。"

这种困难对于这个银行家来说是幸福的，虽然过程痛苦，但这是上天给他最好的礼物。面对困难，他没有抱怨，没有愤怒，他用自己的力量创造了又一个奇迹，他是一个高情商者。

我们都有这样的感受：幸福开心的人在我们的记忆里会留存很长的时间，因为我们更愿意留下快乐的而不是悲伤的记忆。每当我们回想起那些勇敢且愉快的人时，我们总能感受到一种柔和的亲切感。

幸福的秘诀，似乎藏在一种完美的平衡里。既不轻言放弃，又能真正坚持，善于在细微之处学会感悟，又不沉湎于过度的喜悦。世上没有绝对幸福的人，只有不肯快乐的心，顺其自然地享受快乐其实每个人都能做到，因为这一切由你自己的想法来决定。

不能把幸福当成"成功人生"的手段，没有其他追求可以凌驾于幸福之上。

这门幸福课有如下一些内容：

1. 幸福课以"改变"为基础，这也是成为"理想的现实主义者"的基础。现在我们的问题不在于改变是否可能，而在于如何才能发生改变。改变是困难的，但是不是不可能的。我们对幸福的满足水平线，我们对爱的维护方式，我们对自己的理解等，这些都可以慢慢去改变。而这门课以后会专门讲到如何改变，也就是改变的方法和技巧。

2. 把内心世界的情况视为快乐与否的主导因素。我们所处的外部环境也会对快乐与否起到影响的作用，但是，积极心理学认为，内部环境，也就是人对自己的理解，人的世界观等，更能决定一个人的幸福程度。在对物质的基本要求得到满足的情况下，金钱几乎不会增加人的幸福感，而在相同的物质条件下，内心越积极、越向上的人越快乐。

3. 快乐是我们一切追求的最高目标，没有其他追求能凌驾在它之上。这个内容很重要，这意味着我们不能拿幸福当成"成功人生"的一种手段，也不能进入存在性问题的怪圈中。我们无论做什么，都是为了得到快乐和幸福。而且我们只能更快乐、更幸福，而不能把"幸福"当成人生的一个终点。

如果想要获得幸福，就请时刻看看你的内心，它是否在对你微笑？如果能保持良好的心态，那么你离幸福也就不远了。

幸福是一种心态。开心就是短暂的幸福，而幸福就是总能够保持良好的心态。每天锦衣玉食的人也会愁眉苦脸、食不甘味。有的人嘲笑他们身在福中不知福。事实上，物质上的富足和真正的幸福是两个概念。虽然物质的满足可以为人享受人生提供更好的条件，但是这和幸福本身并没有直接的联系，它不是决定幸福的要素。

　　幸福并不是说生活得一帆风顺，而是像故事中的银行家一样，就算遇到不顺心的事，依然积极乐观地看好的那面。常常怡然自得，即使偶尔有波澜也能够从容面对，这才是幸福的真谛。

情商是一门"综合软实力"

我们把情商理解为一种"软技能"。与软技能相对应的硬技能通常是可以衡量的，如学习能力。在任何一个领域，衡量专业技术的标准就是证书和学位，而这些往往都具有很大的商业价值。大多数工作都是靠这些硬东西来评判能力，不管是在学术著作还是实践操作中，这些都表示我们达到了某个行业（如银行业、烹饪业、IT 行业、图书馆业等）所需的专业要求。学习这些技能——大多数都需要非常努力——目标都很直接。你有固定的线路去选择学习哪些技能。从初学者到专家，都有测试能力的登记考试。拿到学位和答辩过关就表示你已经达到目标，具有竞争力了。

通过下面的例子来理解软技能的概念：

21 世纪残酷的生活竞争力越来越大，硬技能已经不够用了，雇主会要求雇员有高品质的"软技能"，如：

1. 与他人融洽相处
2. 有效地领导团队（靠软硬兼施管理的日子已经过去）
3. 促进他人的进步和管理他人的知识
4. 自我成长
5. 人际交往能力强
6. 尽可能有效地运用认知（思考）能力
7. 面对困难时，依然保持活力
8. 积极处理批评和困境的能力
9. 在危机中保持冷静的能力
10. 做决定时，有理解和接受他人有效观点的能力这些软技能统统可以归于情商。雇主之所以对情商感兴趣，原因很简单——你的情商能力对他们的生意有好处。

我们知道情商有5大内容，均属于软技能，下面来详细分析一下这5大内容。

1. 自我认知的能力

古希腊德尔斐城的帕提农神庙里，镌刻着苏格拉底的一句名言：认识你自己。它是这座神庙里唯一的碑铭，它要求人们在情绪产生的时候，即能感知它的存在，进而有目的地调控它。然而，认识自己并非易事，所谓"不识庐山真面目，只缘身在此山中"，讲的就是这个道理。

我是谁，我从哪里来，又要到哪里去，我为什么要这么做，我为什么不高兴……这些问题从古希腊开始，人们就不断地问自己，然而至今都没有得出令人满意的结果。即便如此，人们从来没有停止过对自我的追寻。

正因为如此，人常常迷失在自我当中，很容易受到周围信息的暗示，并把他人的言行作为自己行动的参照。认识自己，心理学上叫自我知觉，是一个人了解自己的过程。在这个过程中，人更容易受到来自外界信息的暗示，从而出现自我知觉的偏差。

认识自我包括的内容如下：我对身体外形的认识——有什么优势，有哪些缺陷；我的情绪个性——易冲动的还是沉着的；我的气质类型——胆汁质、多血质、黏液质、抑郁质；我有什么长处，哪些短处……

比如一些人会因为自己的身高或胖瘦而不能坦然面对，那么他的自我认知就出现了障碍。也有一些人对自己所扮演的角色、所处的位置认识不清，导致命运的悲剧发生。

2. 控制自我情绪的能力

情商的一个重要内容是控制自我，没有自制力的人终将一无所成，因为一点的小刺激和小诱惑他都会抵制不了，进而深陷其中。控制自我情绪是种重要的能力，也是人区别于其他动物的重要标志。人是有理性的，而非依赖感情行事。托马斯·曼告诫人们："抵制感情的冲动，而不是屈从于它，人才有可能得到心灵上的安宁。"

自制，顾名思义就是约束自己。看似不自由，殊不知，为了获得真正的自由，必须有意识地克制自己。没有自制力的人是可怕的，不但他的思想会肆意泛滥，行为更会如此。有人喝酒成瘾、上网成瘾等，无一不是缺乏自制力的表现。一个失去自制能力的人是不会得到命运的眷顾与生命的垂青的。

3. 自我激励的能力

自我激励就是给自己打气，鼓励自己。要争气，在逆境中要奋起，而支持崛起的信念来自于自我激励。许多不成功的人不是没有成功的能力与潜质，而是他们在思想上就不想成功。因为他们在受到羞辱时除了暗自神伤，嗟叹命运不济时从不给自己打气，他们会习惯"劣势"，久而久之真的只有失败与之为伍。

也有一些人并不是不给自己一点激励，而是很快就把对自己的承诺抛在脑后，没有认真地执行过当时的目标。一个有成功意识的人，都是允许自己失败，却不会倒下的人。因为失败是一时的，可以激励自己往上走，但倒下去就是永久的失败。

4. 识别他人情绪的能力

日常生活中时常有人抱怨某人"不会察言观色"，或者是"没有眼力"，无论是哪种表达，都是关于情商中识别他人情绪的表现。一个不懂得识别他人内心的人，是无论如何达不到想要的成就的。

由此可见，识别他人的情绪是与人沟通方面必不可少的能力，这种能力不仅能影响他人，更能影响自己。

5. 人际交往的能力

美国有一个叫泰德·卡因斯基的人，16 岁进哈佛，20 岁毕业。而后在密歇安大学获数学硕士、博士学位。接着，又到世界一流的加州大学伯克利分校数学系任教。然而，卡因斯基虽然智力超群，但从未培养自己的社会交际技能和情商。整个中学时期同学几乎见不到他的影子，他从不同任何人交往，更不能与人建立长久关系。在大学里，他也如此，人们送他一个绰号"哈佛隐士"。

卡因斯基在制造炸弹方面有特殊才智，但他在社交方面是低能儿，因长期压抑而导致心理异常。他不但对社会没有好的作用，倒是用自己研制的炸弹杀死了3人，伤了22人。

这就是缺乏人际交往能力的后果，著名成功学家卡耐基先生说"一个人的成功取决于20%的专业能力和80%的人际关系"，足见人际交往能力的重要。而他所说"20%的专业能力"主要靠智商来获取，"80%的人际关系"是靠情商获得的。

情商让你不抱怨

抱怨是低情商的表现，人在面临困境的时候，不要抱怨命运，因为抱怨不但会让自己内心痛苦不堪，而且在怨天尤人的愤怒情绪中，只会把事情搞得越来越糟，把解决问题的机会再次错过，抱怨除了使自己对待他人的态度很恶劣以外，还会令自己一事无成。

有句话说得好："有所作为是生活中的最高境界。而抱怨是无所作为，是逃避责任，是放弃义务，是自甘沉沦。"不管我们遇到了什么境况，喋喋不休地抱怨注定于事无补，甚至还会把事情弄得更糟。所以，不妨用实际的行动来打破正在桎梏你的藩篱，用行动为你的抱怨画上一个完美的休止符。

艾丽和密娜达都是通用公司内勤部办公室的职员，有一天她们被通知一个月之后必须离岗，这对两个年轻姑娘来说，都是一个沉重的打击。

第二天上班时，艾丽的情绪依旧很消沉，但是委屈让她难以平静下来。她不敢去和上司理论，只能不住地向同事抱怨："为什么要把我裁掉呢？我一直在尽最大的努力工作。这对我来说太不公平了！我也没做错什么？我真是倒霉啊！"同事们都很同情她，不住地安慰她。当第三天、第四天，艾丽依然不停地抱怨时，同事们开始感到厌烦了。

而密娜达在裁员名单公布后，虽然哭了一晚上，但第二天一上班，她就和以往一样开始了一天的工作。当关系比较好的同事悄悄安慰她时，她除了表达感谢，还在诚恳地自我反省："一定是我某些地方做得还不够，所以，这最后的一个月里，我一定要更加努力地工作，这是一个很好地让自己反思的机会。"所以，在离职之前的一个月中，她仍然每天非常勤快地坚守在她的岗位上。

一个月后，艾丽如期下岗，而密娜达被从裁员名单中删除，留了下来。内勤部的主任当众传达了老总的话："密娜达的岗位，谁也无可替代，密娜达这样的员工，公司永远不会嫌多！"

密娜达无疑是一个高情商的人，她拒绝抱怨，而是用行动保住了工作。没有人喜欢抱怨者，正如没有人喜欢自大狂一样。经常抱怨的人，不但会招致他人的反感和厌恶，而且极易使自己沦为负面情绪的奴隶，进而遮住人生灿烂的阳光，阻断事业辉煌的道路。

也许贫困的生活像枷锁一样困扰着我们，没有亲朋好友，无依无靠地生活在异乡他国。我们急切地希望减轻自己身上沉重的负担。然而，仿佛陷入黑暗的深渊之中，负担是如此沉重。于是，我们不停地抱怨，感叹命运对自己的不公，抱怨自己的父母、自己的老板，抱怨上苍为何如此不公，让你遭受贫困，却赐予他人富足和安逸。

停止你的抱怨吧！让烦躁的心情平静下来。你所埋怨的并不是导致你贫困的原因，根本原因就在你自身。你抱怨的行为本身，正说明你倒霉的处境是咎由自取。喜欢抱怨的人在世上是没有立足之地的，烦恼忧愁更是心灵的杀手。缺少良好的心态，如同收紧了身上的锁链，将自己紧紧束缚在黑暗之中，只有把抱怨赶走的人，才有获得成功的机会！

古希腊有一位国王，他拥有至高无上的权势、享用不尽的荣华富贵，但他并不快乐。他可以主宰自己的臣民，却难以操控自己的情绪，他常常发火，还有莫名其妙的焦虑和忧郁不时让他闷闷不乐、寝食难安，他不明白这是什么原因，这样的情绪让他痛苦不堪。

于是，他招徕了当时最负盛名的智者苏菲，要求他找出一句人间最有哲理的箴言，而且这句浓缩了人生智慧的话必须有一语惊心之效，能让人胜不骄、败不馁、得意而不忘形、失意而不伤神，始终保持一颗平常心。苏菲答应了国王，条件是国王要将佩戴的那枚戒指交给他。几天后，苏菲将戒指还给了国王，并再三劝告他：不到万不得已，别轻易取出戒指上镶嵌的宝石。没过多久，邻国大举入侵，整个城邦陷于敌手，于是，国王四处逃命。

有一天，为逃避敌兵的搜捕，他藏身在河边的茅草丛中，当他掬水解渴，猛然看到自己的倒影时，不禁伤心欲绝——谁能相信如今这个蓬头垢面、衣衫褴褛的人，就是那个曾经气宇轩昂、威风凛凛的国王呢？

就在他双手掩面，欲投河轻生之际，他想到了戒指。他急切地抠下了上面的宝石，只见宝石里面镌刻着一句话——一切都会过去。顿时，国王的心头重新燃起希望的火花。从此，他忍辱负重、卧薪尝胆，重招旧部并东山再起，最终赶走了外敌，夺回了王国。

当他再一次返回王宫后，所做的第一件事便是将"一切都会过去"这句箴言，镌刻在象征王位的宝座上。后来，他被誉为最有智慧的国王而且名垂青史。

这个国王一开始是情绪的奴隶，当他是一国之君的时候，还时时地抱怨、郁闷。然而当他一无所有的时候，他战胜了自己，成为情绪的主人，最终成为最有智慧的国王。

当遇到不顺心的事时，要告诉自己一切都会过去的，没有什么大不了的。即使天塌下来还有高个子顶着，何况自己有能力。相信自己通过努力可以改变目前的状态，这是一种赶走抱怨的途径，这是一种神奇的力量，是来自于心的力量，也是提高情商的重要方法之一。

所以，如果我们不知道自己要什么，就别抱怨老板不给你机会，不要抱怨上天的不公，那些喜欢大声抱怨自己缺乏机会的人，往往是在为自己失败找借口。成功者不善于也不需要编制借口，因为他们能为自己的行为和目标负责，也能享受自己努力的成果。

有一点我们必须要知道：抱怨于事无补，并且只会让自己的情绪变得更糟。那些喜欢终日抱怨的人，是没有办法获得成功的。

威尔·鲍温曾经接受了一家电台晨间节目的采访，采访结束后与工作人员聊天时，一位播音员对他说："我是靠抱怨维生的，而且我靠抱怨获得了非常高的薪水。"

鲍温问他："如果把快乐分成从一到十这十个等级，你在哪个等级呢？"

　　很明显，他愣了一下，几秒钟之后他伤感地问鲍温："有负数可以算吗？"

　　那一刻，鲍温感受到了这位"高薪"播音员内心的不安。对于一个常常抱怨的人来说，不安的情绪是他们每天生活必然承受的，以至于渐渐成为不可言说的习惯。

　　那些内心踏实的人，往往能够认同自己的长处，接受自己的缺点，悠然自得，从来不会透过他人的目光来肯定自己；而没有安全感、内心充满不安的人，常常质疑自己的重要性，他们或者将自己的成就昭告天下，以博得赞赏，或者反复诉说不幸的遭遇，以换取同情。久而久之，他们习惯了用各种方式掩饰自己的不安，而终于成为一个爱抱怨的人。

　　其实，曾经有一段时间，鲍温也像那位播音员一样，内心充满忐忑。所以他总是想用自己的大嗓门、抱怨和对他人的指责来压抑心里的不安。当鲍温的第一任妻子离开时，她告诉鲍温在他的身边从来没有安全感，这令他身心交瘁。

　　从那天开始，鲍温进行了认真的反省。多年以来，他一直试图改变身边的一切以变成一个有安全感的人，但是长时间的思考之后，他才豁然明白：有安全感代表接受事物的原貌，而不是改变它。

　　所以，真正有安全感的人能够诚实面对自己的情绪，安于自己的不安，他们不会压抑自己内心的种种情绪，而是会自然而然地接受所有痛苦的情绪带来的不适，一旦真正接受了，自然不需要再通过其他的途径来发泄。

高情商的人能管理他人的情绪

有人说："能够管理他人情绪的人是高情商之人。"所谓管理他人情绪是指在准确识别他人情绪的基础上，用自己的情商影响他人的能力。这当中识别他人情绪是管理他人情绪的首要环节，不能正确认识别人的真正意图就不能很好地施加影响力。

高情商的人能管理他人的情绪，哪怕是对手。

美国前总统林肯因在南北战争中实现了国家的统一和黑人奴隶的解放而一直备受美国人的尊崇。甚至，他在各方面的言行都成为后人的楷模。但即便是伟大的林肯，也有忍无可忍而失态的时候。

有一次，他与另一位政治人物因政见不合而反目，林肯当时气得大骂："这个混蛋！他就是我的死敌！我要干掉他！"但令人惊讶的是，几天后人们发现那个让林肯恨得咬牙切齿的政治家，居然与林肯谈笑风生，俨然如好友一般！

于是有人就问林肯："他不是你的政敌吗？你不是要干掉他吗？"林肯泰然道："不错，我是要干掉这个敌人。现在把他变成我的朋友，那个'敌人'不等于被我'干掉'了吗？"

由"政敌"到"朋友"的转变，就是林肯管理对方的过程。情商的高低直接影响这种管理他人的能力，情商高的人，万事操之在我；情商低的人，处处受制于人。

此外，高情商的人还能影响他人，从而更受欢迎。

绝大多数的人会认为人际关系是令他们头痛的麻烦事儿，奇怪的是，你越觉得它讨厌，你就越不容易搞好它。于是，我们会羡慕一些总受人们喜欢的人，不知他们的成功秘诀在哪儿。其实，差别就在于你是否能管理他人的情绪并影响他人。

高情商者不仅会受到他人的喜爱，还更易得到别人的帮助，因为他们很受众人的欢迎。卡耐基告诉我们：成功＝15%的专业知识＋85%的为人处世的技能。

斯巴达克是个奴隶，因为不堪忍受奴隶主惨无人道的压迫，率领奴隶起义，得到成千上万奴隶的响应。

后来，起义失败，许多奴隶被俘虏。一位以胜利者自居的将军指着背后的十字架，趾高气扬地说："谁指认出斯巴达克，我就可以免除他一死。"沉默了良久，一位奴隶站了出来，说："我就是斯巴达克！"

在这位将军还没有反应过来的时候，又有一个奴隶站了起来说："我是斯巴达克！"紧接着，一大片奴隶都站了起来，大声说道："我就是斯巴达克！"洪亮的响声回响在大地和白云之间。

是什么力量让奴隶宁肯去死，也不愿意说出真正的斯巴达克？是因为斯巴达克受到他们的欢迎与热爱、敬重，斯巴达克能管理他们的情绪并有效地影响他们。使他们心中形成一个伟大的友谊，他们愿意为了这个友谊付出自己的生命。

美国富兰克林总统年轻的时候，把所有的积蓄都投资在一家小印刷厂里。他很想获得为议会印文件的工作，可是出现了一个不利的情况。议会中有一个极有钱又能干的议员，却非常不喜欢富兰克林，并且还公开斥骂他。这种情形非常危险，因此，富兰克林决心使对方喜欢他。

富兰克林听说这个议员的图书馆里有一本非常稀奇而特殊的书，于是他就写一封信笺给这位议员，表示自己想一睹为快，请求他把那本书借给自己几天，好让他仔细阅读。这位议员马上叫人把那本书送来。过了大约一星期的时间，富兰克林把书还给那位议员，并还附上一封信，强烈表达了自己的谢意。

于是，下次当他们在议会里相遇时，那位议员居然主动跟富兰克林打招呼，并且极为有礼。自此以后，这位议员对富兰克林的事非常乐于帮忙，他们变成了很好的朋友，一直到去世为止。

富兰克林的故事在向我们表示一个高情商者的魅力，他能够发现他人的情绪，并利用他人的情绪，让对方成为自己的朋友。

那么，什么方法才能更好地处理他人情绪呢？

正确处理他人情绪的方法共有三个步骤：接受、分享、肯定。

1. 接受——接受是注意到对方有情绪、接受有这份情绪的他并如实告诉他。接受不是批判，不是否定，不是表示不耐烦，也不是忽视，接受就是"你这个样子我是接受的，我愿跟你沟通"的意思。这种接受往往能让你更好地与他人沟通。

2. 分享——永远先分享情绪感受，后分享事情的内容。就算对方反复或坚持先说事情内容，也需要巧妙地把话题先带到情绪感受的分享，情绪感受未处理，谈事情细节不会有效果，往往只会使对方的情绪更大。帮助对方描述他的情绪，并不是告诉他那是应该有的感觉。

3. 肯定——应该对不适当的行为设立规范，就是说，勾画出一个明确的框架。里面是可以理解或接受的部分，并就这些可以接受的部分给对方以肯定。框架外面则是不能接受或者没有效果的东西，应该明确提出。给予肯定使对方保留了他们的尊严和自信，他们会更愿意听从你的意见。所有的感觉及所有的期望都是可以被接受的，但并非所有的行为都可被接受。

综上所述，情商的高低决定一个人是否能影响到他人，并利用他人的情绪，而这一切都将决定你在人群当中的地位及受欢迎程度。

第二章

智商诚可贵，情商价更高

什么是智商

　　智商，是一种表示人的智力高低的数量指标。智商＝智龄÷实足年龄×100。这是美国心理学家在20世纪中叶提出来的，几十年来这一概念极大地推动了人类智力的发展。

　　智商反映了一个人的观察力、记忆力、思维力、想象力、创造力等，是人们运用分析、运算、逻辑等理论解决问题的能力。智商有先天的因素，但更重要的是后天的开发和训练。美国心理学家威廉·詹姆斯认为："一个健康的人终其一生只利用了他固有能力的10%。"还有人认为只利用了4%或6%，甚至更低。

　　美国《使用你的大脑》一书的作者拉尼·布赞教授说："你的大脑就像一个沉睡的巨人。"人才开发有家庭开发、社会开发和自我开发，而关键是自我开发，就是要有自我开发的意愿、热情、方法，并形成自我开发的习惯，这是造就人才成长重大差异的根本原因。不断地学习积累，提高智商，这是成功的基本条件。

　　据心理学研究表明，一个正常发育的大脑都有如下能力：

　　1. 语文能力：包括说话、阅读、书写的能力。

　　2. 数理能力：包括计算、逻辑分析和推理的能力。

　　3. 空间能力：包括认识环境、辨别空间的能力。

　　4. 音乐能力：包括声音的辨识及韵律表达能力。

　　5. 运动能力：包括支配肢体以完成精密作业的能力。

　　6. 社交能力：包括与人交往且和睦相处的能力。

　　7. 自知能力：包括认识自己并选择生活方向的能力。

　　以上几种能力是每个大脑发育正常的人都应具备的，但为什么每个人的各种能力表现不同呢？这是受每个人的心理状况和生理状况决定的，心理状况是功能性因素，生理状况是基础性因素，二者相互促进，相互制约。

以往，脑科专家们总认为智力商数是与生俱来的，根本不可能提升。但是这种说法过时了。近年来的研究显示，人类的智商是可以获得提升的，通过以下几种方法可以让你的智商有一定的提升。

1．改变饮食习惯。多吃有益增强记忆力的食物。如：如蛋黄、大豆、瘦肉、牛奶、鱼、动物内脏及胡萝卜、谷类等。人的身体有充足的营养，大脑获得更多的动力，就有利于大脑的开发，从而提高智商。

2．为自己营造一个具启发性和刺激感官的环境。在我们周围，有天赋极佳者，当然这还是少数，大多数人的智力属于中间型。智力发展虽有遗传基础，但同时也受环境因素的强烈影响。遗传基础只规定了智力发展的可能性，如小李虽有比小王更高的智力发展潜力，但由于某种环境条件的存在，使小王的潜力得到充分表现，其智商则比小李更接近于其潜力的上限，而小李的智力的实际表现可能落在小王的后面。因此，后天教育与环境对人们的智力发展是极为重要的。

3．增强自己的情绪智商。智商对于人们是很重要的，但是人们也不能忽略情商的教育，两者是相辅相成的，如果智商超高的人，情商却非常低，那么这个人也很难成功。

4．适当培养音乐细胞，激发灵感。形容一个人聪明，有很多词语：机敏、鬼主意多、分析能力强、有第六感等，仔细研究这些词汇，你会发现一个通性：聪明人总是想得更全面、眼光更准确，用一句话概括，就是"灵感强"。

让你的大脑更活跃，这就是音乐的功能。沐浴在音乐声中，感受每一个音符对心灵的激荡，每一个细胞随着音乐有节奏地跳动，长此以往，产生灵感不是一件艰难的事情。

5．运动——发挥天赋，弥补短处。运动有很多种，有纯体力运动，比如长跑、短跑，还有纯脑力运动，下棋、打游戏，还有智力、体力相合运动，比如足球、排球、篮球、羽毛球。

　　以上方法可以提高我们的智商。美国作家爱默生说过，智慧的可靠标志就是能够在平凡中发现奇迹，所以，我们应该善于让每一片智慧之叶都折射出灵悟的光芒，这样我们离成功就会越来越近了。

真正带给我们快乐的是智慧，不是知识

古希腊哲学家苏格拉底曾说：真正带给我们快乐的是智慧，而不是知识。

什么是知识？知识是那些没有经过自己的思索和感悟而获得的认识和经验。我们从学校、教会、父母、长辈那里学到的一切，从书本杂志、电影电视、朋友闲谈等地方获得的一切新信息都是知识。

什么是智慧？智慧是经过自己大脑的思考、心灵感受而获得的能力。智慧无法通过视觉、听觉、味觉、嗅觉、触觉而获得，智慧是思维的"孩子"、不经思考的人生无法获得智慧。

维特根斯坦（1889—1951年），他是一个天才哲学家。他是一个传奇，有很多人不明白，他为什么在不同的领域都能获得成功，后来人们给他下了一个定义，那就是他是一个智商高的人。

这个人的生活和思想比较离奇。他10岁就自己做了一台缝纫机，当时就已经了不起了，因为很多科学家都没有这样的成绩；22岁就获得了飞机发动机的一些专利；"一战"的时候他照样和普通子弟一样应征入伍，一边打仗负伤，一边写了本关于哲学的书。完书的时候，才29岁，这书被后世誉为哲学界自柏拉图以来最重要的一本专著。

维特根斯坦的父亲是个亿万富翁，维特根斯坦把他所继承的遗产全部送给别人，跑到小乡村当小学教师，他发现那里没字典，于是又一个人编了一本有影响力的工具书；后来他又做了建筑师，成为一个后现代建筑的主要设计师。

他的经历让人们目瞪口呆，这当然是和他的智商分不开的，有一次维特根斯坦跑来让罗素判断他是天才还是傻帽儿，"如果是傻帽儿，我就去开飞艇；如果是天才，我就会成为哲学家"，结果罗素告诉他无论如何不用去开飞艇。

维特根斯坦的事例告诉我们的，他是一个高智商的人，但从另一个角度去看，如果他从来不开发自己的智商，那么他也跟一般人一样。最重要的是，他知道怎么把高智商变成自己的财富，造福自己，也造福人类。

哲学家马可奥勒留对自己说："不要分心，不要因为虚有学问的外表而丧失自己的思想，也不要成为喋喋不休或忙忙碌碌的人。"可见，他是一个懂得区分知识和智慧的人，他追求的是智慧，而非知识。

知识是人类对有限认识的理解与掌握，智慧是一种悟，是对无限和永恒的理解和推论。因此，博学家与智者是两种不同类型的人，智者掌握的知识不一定胜过博学家，但智者对世界的理解一定深刻得多。

知识是有限的，再博学的知识在无限面前也会黯然失色。智慧是富于创造性的，其不被有限所困，面对无限反而显得生机勃勃。

知识学习是智育的首要目标，但不是唯一的目标。知识学习的目的不在为知识而知识，知识应该为人的发展奠定基础。

时下有一种特别的风气，就是把书本当作"装饰品"摆放在客厅和书房中。似乎把那些装帧精良的书放到自己的书架上，就能变成一个有学问的人，或者是看起来像很有学问的人。这当然是在自欺欺人，拥有了一本限量版的好书而不读，还不如在地摊上和别人交换读了的二手书。因为只有读过，才能对自己的内心有所触动。

在澳大利亚的一个牧场中，人们看到有3个大学生在那里打工。这三个人中，都是名牌大学的毕业生。人们都非常惊异：居然让大学生来看管家畜！他们在学校接受的教育是要做领导众人的领袖，现在却在这里"领导"羊群。牧场主人雇用的这些学生，虽然满腹经纶，能说好几门外语，可以讨论深奥的政治经济学理论，可是，要说挣钱，却不能和一个没有上过学的人相比。他整天谈论的只是他的牛羊、他的牧场，眼界十分狭隘，但他能够赚大钱，而那些大学生连谋生都很困难。这是一场"有文化和没文化、大学和牧场的较量，而后者总是能够占上风"。

我们都听说过"买椟还珠"的寓言故事，一个过分雕饰的盒子和一颗光彩照人的珠子，哪一个更有价值，不言而喻。

而在人生中，追求虚有其表的学问而忽略自己内心真正的理想又何尝不是灵魂在舍本逐末，在珍贵的人生旅途中"买椟还珠"？可见，知识与智慧是不能画上等号的。

1. 有知识不等于有智慧。一个人可能学富五车，但他不一定是智慧之人，因为他完全可能千万次地重复人家的思想，却自己不善思考，不去探究，更不会发明创造。相反，逢人便说我只知道自己一无所知，倒可能最富智慧。

2. 掌握很多实用技能也不等于智慧。一个人学会驾车，学会电脑，但他不一定富有智慧，因为他很可能是被迫去做，内心却对这些行当毫无兴趣，更谈不上从中悟出智慧。真正的智慧之人，都会对自己所从事的活动深感兴趣，他不是被迫去做，而是自愿去做。还有什么比品尝生活的愉快和乐趣更接近智慧呢？

其实，大部分人拥有强烈的占有知识的欲望，是因为对无知的恐惧、对人生的不安。那些见多识广的人，在危机的关头往往能沉着应对，拥有智慧的人生才是踏实的。但虚有学问的外表，这样的人终究是为了取悦他人而活着。

让我们的一切行为符合生命本质，摒弃外表让人眼花缭乱的光荣和浮华，追求心灵的提升、井然有序、目标明确，寻找真正的智慧，才是我们要做的事。

情商与智商：人生的左膀右臂

有人说成功者是 80% 情商 + 20% 智商，失败者是 20% 情商 + 20% 智商。对于人类来讲，情商与智商都很重要，如同人生的左膀右臂，缺一不可。

情商又称情绪智力，是近年来心理学家们提出的与智力和智商相对应的概念。它主要是指人在情绪、情感、意志、耐受挫折等方面的综合素质品质。情商高，综合素质就高；情商低，综合素质就低。情商可以通过后天的学习与自我认识来提高。智商就是智力商数。智力通常叫智慧，也叫智能。是人们认识客观事物并运用知识解决实际问题的能力。智力的高低通常用智力商数来表示，是用以标示智力发展的水平。

以往认为，一个人能否在一生中取得成就，智力水平是第一重要的，即智商越高，取得成就的可能性就越大。但现在心理学家们普遍认为，情商水平的高低对一个人能否取得成功也有着重大的影响，有时其作用甚至要超过智力水平。

情商的水平不像智力水平那样可用测验分数较准确地表示出来，它只能根据个人的综合表现进行判断。心理学家们还认为，情商水平高的人具有如下特点：社交能力强，外向而愉快，不易陷入恐惧或伤感，对事业较投入，为人正直，富于同情心，情感生活较丰富但不逾矩，无论是独处还是与许多人在一起时都能怡然自得。专家们还认为，一个人是否具有较高的情商，和童年时期的教育培养有着密切的关系。因此，培养情商应从小开始。

凯文·米勒小时候学习成绩不好，高中毕业时靠着体育方面的才能，才勉强进入芝加哥大学学习。许多年后，在他公开的日记中有这样的记述："老师和父亲都认为我是一个笨拙的儿童，我自己也认为其他孩子在智力方面比我强。"可是，凯文·米勒经过多年的努力，成为了美国著名的洛兹集团的总裁。

那么，是什么让他从平凡走向卓越的呢？是情商。情商的高低，可以决定一个人的其他能力，包括智能能否发挥到极致。

达尔文在他的日记中说："教师、家长都认为我是平庸无奇的儿童，智力也比一般人低下。"但他成了伟大的科学家。爱因斯坦在1955年的一封信中写道："我的弱点是智力不好，特别苦于记单词和课文。"但他成了世界级的科学大师。洪堡上学时的成绩也不好，一次演讲中他说道："我曾经相信，我的家庭教师再怎样让我努力学习，我也达不到一般人的智力水平。"可是，20多年后他成为了杰出的植物学家、地理学家和政治家。

戈尔曼用了两年时间，对全球近500家企业、政府机构和非营利性组织进行分析，发现成功者除具备极高的智商以外，卓越的表现亦与情商有着密切的关系。在一个以15家全球企业，如IBM、百事可乐及富豪汽车等数百名高层主管为对象的研究中发现，平凡领导人和顶尖领导人的差异，主要是来自情绪智能。

卓越的领导者在一系列的情绪智能，如影响力、团队领导、政治意识、自信和成就动机上，均有较优越的表现。情商对领导人特别重要，是因为领导的精髓在于使他人更有效地做好工作。一个领导人的卓越之处，在很大程度上表现于他的情商。

智商和情商，都是人的重要的心理品质，都是事业成功的重要基础。它们的关系如何，是智商和情商研究中提出的一个重要的理论问题。正确认识这两种心理品质之间的差异和联系，有利于更好地认识人自身，有利于克服智力第一和智力唯一的错误倾向，有利于培养更健康、更优秀的人才。

1. 智商和情商反映着两种不同性质的心理品质。

智商主要反映人的认知能力、思维能力、语言能力等。它主要表现人的理性的能力。它体现一个人的智力能力。而情商主要反映一个人感受、理解、运用、表达、控制和调节自己情感的能力，以及处理自己与他人之间的情感关系的能力。它是非理性的，它们是相对理性与相对感性的集合，是不同类型的比较。

2. 智商和情商的形成基础有所不同。

情商和智商虽然都与遗传因素、环境因素有关，但是，它们与遗传、环境因素的关系是有所区别的。智商与遗传因素的关系远大于社会环境因素。

智商和情商的作用不同。

智商的作用主要在于更好地认识事物。智商高的人，思维品质优良，学习能力强，认识深度深，容易在某个专业领域作出杰出成就，成为某个领域的专家。情商主要与非理性因素有关，它影响着认识和实践活动的动力。它通过影响人的兴趣、意志、毅力，加强或弱化认识事物的驱动力。智商不高而情商较高的人，学习效率虽然不如高智商者，但是，有时能比高智商者学得更好，成就更大。因为锲而不舍的精神使勤能补拙。

所以，人们经常看到这样的人，受过高等教育，他的智商使他具有非常丰富的知识，使他能顺利地到一个单位就职或者从事一项研究工作。如果他情商高，情绪稳定，适应环境能力强，并能不断提高自身心理素质。这样他的智商和潜能就能得到充分发挥，在工作中游刃有余，最后获得上司、同事、朋友的认可。反之，一个人智商虽高，却以此自负，情商低下，昼夜为自己周围并不理想的环境所困扰，那他的结局可能是愤世嫉俗，与社会、公司、同事融不到一起。由此可见，情商与智商同样造就人们的成功，只是程度大小不同，影响的领域不同。

聪明人 ≠ 成功者

　　智商曾一度统治过成功学的领域，人们在感慨谁智商高谁就能成功的同时，不禁有些迷茫，原因在于发生在我们身边的一个个高智商神话的破灭。

　　细心的人们应该还能够回忆起类似于清华大学高才生刘海洋泼熊的事件，不绝于耳的许多国内高等学府的学生因不堪各种压力跳楼自杀，因一点小事而愤然用刀砍死同学的事件……太多的天之骄子的言行让我们震惊，我们不禁要问：难道是这些学生不够聪明？还是他们不能意识到问题过后的严肃性结局？

　　这是一个不言而喻的结论，因为我们都明白问题的根源不在于他们的智商，而是他们不懂控制自己的情绪，以致情绪失控；不知道调整自己的心理状态，于是在面对人生逆境时选择了结束自己的生命……

　　这些自我控制与面对人生挫折的心境，为我们揭开了情商的神秘面纱。所有的这些高智商人物的悲剧，原来可以避免，或者他们将来可能会取得更加卓越的成就，但因为情商不高，最终做出了令人扼腕叹息的事情。

　　10年前，莫奈还只是一个汽车修理工，当时的处境离他的理想差得很远。一次，他在报纸上看到一则招聘广告，休斯敦一家飞机制造公司正向全国广纳贤才。他决定前去一试，希望幸运会降临到自己的头上。他到达休斯敦时已是晚上，面试就在第二天进行。

　　吃过晚饭，莫奈独自坐在旅馆的房间中陷入了沉思。他想了很多，自己多年的经历历历在目，一种莫名的惆怅涌上心头：我并不是一个低智商的人，为什么我老是这么没有出息？看看自己身边的人，论聪明才智，他们实在不比自己强。最后，他发现，和这些人相比，自己分明缺乏一个特别的成功条件，那就是性格情绪经常对自己产生不良影响。

第一次发现了自己过去很多时候不能控制的情绪，比如爱冲动、遇事从不冷静，甚至有些自卑，不能与更多的人交往等。整个晚上他就坐在那儿检讨，他总认为自己无法成功，却从不想办法去改变性格上的弱点。

于是，莫奈痛定思痛，作出一个令自己都很吃惊的决定：从今往后，绝不允许自己再有不如别人的想法，一定要控制自己的情绪，全面改善自己的性格，塑造一个全新的自我。

第二天早晨，莫奈一身轻松，像换了一个人似的，满怀自信前去面试，很快，他被顺利地录用了。两年后，莫奈在所属的公司和行业内建立起了名声。几年后，公司重组，分给了莫奈可观的股份。

莫奈也许是个聪明人，但在没有认清自己的缺点之前，他是一个低情商的人。但当认清自己的时候，他离高情商已经不远了，所以说，他成功了。可见，一个聪明人不一定成功，而有着高情商的人成功的几率就会很大。

事实已经证明，情商对人的成功有着至关重要的作用。在许多领域卓有成就的人当中，有相当一部分人，在学校里被认为智商并不高，但他们充分发挥了他们的情商，最终获得了成功。

高智商者不一定取得成功，情商在人生成就中起着不可忽视的作用。情商的高低，可以决定一个人的其他能力，包括智能能否发挥到极致。情商比智商更重要，如果说智商更多地被用来预测一个人的学业成绩的话，那么，情商则能被用于预测一个人能否取得事业上的成功。优异的学业成绩，并不意味着你在生活和事业中能获得成功。

有这样一个笑话，问：一个笨蛋15年后变成什么？

答案：老板。

从某种意义上说，这个答案再正确不过了。即使是笨蛋，如果情商比别人高明，职业上的表现也必然胜出一筹，他的命运自然会大为改观。许多证据显示，情商较高的人在人生各个领域都占尽优势，无论是谈恋爱、人际关系，还是在主宰个人命运等方面，其成功的机会都比较大。

此外，情商高的人生活更有效率，更易获得满足，更能运用自己的智能获取丰硕的成果。反之，不能驾驭自己情感的人，内心激烈的冲突，削弱了他们本应集中于工作的实际能力和思考能力。也就是说，情商的高低可决定一个人其他能力（包括智力）能否发挥到极致，从而决定他有多大的成就。

可见，许多人一直在生活的底层苦苦跋涉，并不是因为他们的智商有问题，而是因为他们没有意识到情商在一个人成功路上的重要性。情商为人们开辟了一条事业成功的新途径，它使人们摆脱了过去只讲智商所造成的无可奈何的宿命论态度。因为智商的后天可塑性是极小的，而情商的后天可塑性是很大的，个人完全可以通过自身的努力成为一个情商高手，到达成功的彼岸。

情商比智商更重要

　　情商的高低，可以决定一个人的其他能力，包括智能能否发挥到极致，从而决定他有多大的成就。情商比智商更重要，如果说智商更多地被用来预测一个人的学业成绩的话，那么，情商则能被用于预测一个人能否取得事业上的成功。优异的学业成绩，并不意味着你在生活和事业中能获得成功。成功不仅取决于个人的谋略才智，在很大程度上还取决于他正确处理个人的情感与别人情感之间关系的能力，也就是自我管理和调节人际关系的能力。

　　人类在关于怎样才能成功的问题上，从来不曾停止探索的脚步。熟悉电影的人们一定都会记得《阿甘正传》，这是一部好莱坞大片，男主角汤姆·汉克斯更是凭借它而一举夺得奥斯卡"小金人"。

　　那么，汉克斯在片中饰演的角色是怎样的呢？为何这部影片至今还常常为人们所津津乐道？

　　影片中的男主角名叫 Forrest Gump，他从小就是一个有点行动不便的男孩，准确地说是有点残疾。然而不幸的事情不在这里，而在他的母亲到处为他找学校，却没有一所学校愿意接收他，原因在于他的智商只有75。但是后来 Forrest 的表现让每位观众都为之感动。他凭借他的执着、善良、守诺、勇敢的个性，一度成为美国人民心中的英雄。

　　故事也许是虚构的，却向我们揭示了这样一个道理：智商的高低与人生的成就不能直接画等号！阿甘的重情重义、执着乐观的个性，是他成功的重要能量，这便是来自情商的魅力。

　　智商曾一度统治过成功学的领域，人们在感慨谁智商高谁就能成功的同时，不禁有些迷茫，原因在于发生在我们身边的一个个高智商神话的破灭，太多的天之骄子的言行让我们震惊。

关于成功，有一个秘密：成功的人往往不是因为知识多么丰富，而是因为他们的情感多么成熟。

事实上，高智商者不一定取得成功，情商在人生成就中起着不可忽视的作用。情商的高低，可以决定一个人的其他能力，包括智能能否发挥到极致。情商比智商更重要，如果说智商更多地被用来预测一个人的学业成绩的话，那么，情商则能被用于预测一个人能否取得事业上的成功。优异的学业成绩，并不意味着你在生活和事业中能获得成功。

事实已经证明，成熟的情感，也就是我们说的情商，对人的成功有着至关重要的作用。在许多领域卓有成就的人当中，有相当一部分人，在学校里被认为智商并不高，但他们充分发挥了他们的情商，最终获得了成功。

而且从我们的个人体验来说，我们也喜欢那些乐于帮助别人并且平易近人的人，而不是古怪的科学家。

1936 年 9 月 7 日，世界台球冠军争夺赛在纽约举行。路易斯·福克斯的得分遥遥领先，只要再得几分便可稳拿冠军了，就在这个时候，他发现一只苍蝇落在主球上了，他挥手将苍蝇赶走了。可是，当他俯身击球的时候，那只苍蝇又飞回到主球上，他在观众的笑声中再一次起身驱赶苍蝇。这只讨厌的苍蝇破坏了他的情绪，而且更为糟糕的是，苍蝇好像是有意跟他作对，他一回到球台，它就又飞回到主球上来，引得周围的观众哈哈大笑。路易斯·福克斯的情绪恶劣到了极点，他终于失去了理智，愤怒地用球杆去击打苍蝇，球杆碰到了主球，裁判判他击球，他因此失去了一轮机会。路易斯·福克斯方寸大乱，连连失利，而他的对手约翰·迪瑞则越战越勇，终于赶上并超过了他，最后拿走了桂冠。第二天早上，人们在河里发现了路易斯·福克斯的尸体，他投河自杀了！

这个悲剧告诉我们，低情商者往往会做出人们意想不到的事情，处于情绪低潮当中的人们，容易迁怒周遭所有的人、事、物，这是自然而然的。情绪的控制，有待智慧的提升，而这种"智慧"的提升则是情商的提升。

在美国，人们流行一句话："智商（IQ）决定录用，情商（EQ）决定提升。"

与社会交往能力差、性格孤僻的高智商者相比，那些能够敏锐地了解他人情绪、善于控制自己情绪的人，更可能找到自己想要的工作，也更可能取得成功。情商为人们开辟了一条事业成功的新途径，它使人们摆脱了过去只讲智商所造成的无可奈何的宿命论态度。

心理学家认为，情绪特征是生活的动力，可以让智商发挥更大的效应。所以，情商是影响个人健康、情感、人生成功及人际关系的重要因素。

有些人在潜力、学历、机会各方面都相当，后来的际遇却大相径庭，这便很难用智商来解释。曾有人追踪 1940 年哈佛的 95 位学生中年的成就（相对于今天，当时能够上哈佛的人比上不了哈佛的人，差异要大得多），发现以薪水、生产力、本行业位阶来说，在校考试成绩最高的不见得成就最高，对生活、人际关系、家庭、爱情的满意程度也不是最高的。

另有人针对背景较差的 450 位男孩子做同样的追踪，他们多来自移民家庭，其中三分之二的家庭仰赖社会救济，住的是有名的贫民窟，有三分之一的智商低于 90。研究同样发现智商与其成就不成比例，譬如说智商低于 80 的人里，7% 失业 10 年以上，智商超过 100 的人同样有 7%。就一个四十几岁的中年人来说，智商与其当时的社会经济地位有一定的关系，但影响更大的是儿童时期处理挫折、控制情绪、与人相处的能力。

波士顿大学教育系教授凯伦·阿诺曾参与上述研究，她指出："我想这些学生可归类为尽职的一群，他们知道如何在正规体制中有良好的表现，但也和其他人一样必须经历一番努力。所以当你碰到一个毕业致词代表，唯一能预测的是他的考试成绩很不错，但我们无从知道他适应生命顺逆的能力如何。"

　　总之，智商对于我们固然重要，但是如果少了情商，你将会失去人生中最重要的部分。

第三章

影响情商的主要能力

观察力：自我察觉与观察他人

　　自我察觉是情商的基本能力之一，是指了解自己感受到了什么，为什么有这种感受，以及引发这种感受的原因。

　　斯坦和布克说过："情绪的自我察觉是构建其他多数情商能力的基础。"察觉自己的情绪是成功与环境相互作用的关键。在现实生活中，人们常常把自己的内心感受投射到其他人的身上，为了提高我们的交互作用和人际关系，我们有必要审视内心的变化。

　　奥普拉·温弗瑞是美国王牌节目《奥普拉·温弗瑞脱口秀》节目制片、主持人。她的一个优势就是时刻与自己和他人保持沟通，清楚自己要的是什么，清楚自己的感受，同时她观察他人，并获得他人的认可与欢迎。

　　奥普拉能和人们心心相印，让对方有安全感，感到安心舒适，所以她是一个高情商的人。

　　一般我们察觉的命题包括：

　　1. 人的生命是有限的，我们无法拥有无限的时间去完成生活中想要做的一切事情。

　　2. 我们有采取行动或不行动的潜能；即使不行动，也是一种决定。

　　3. 由于我们选择自己的行动，因此能创造出自己的部分命运。行动会让我们的理想变得不再空洞。

　　4. 人生意义是我们寻求及创造独特目的之产物，并不会自动出现。

　　5. 基本上，存在的焦虑来自于我们的自由意识，它是我们生活里的重要部分；当我们对可行的抉择增加察觉能力时，同时也就增加了对抉择结果所应负的责任感。

6. 我们很难克服寂寞、无意义、空虚、内疚和孤独，这些都会让一个人变得忧郁。

7. 基本上，每一个人都是孤独的，但是我们也有和他人建立关系的机会，这样孤独就会减少，自己也会获得心灵上的解脱。

情绪的自我察觉很重要，因为它是做人的核心能力。对一个人影响最大的人就是自己。理解自己是理解他人的第一步。

增强自我察觉是所有咨询的目标，其中包括：对其他选择、动机、影响个人的因素以及个人目标察觉等。治疗者有义务使当事人了解，增强自我察觉必须付出代价。当某人的察觉能力越来越精进时，就会发现更难回到原状。然而，当一个人开启内在世界的多扇门窗时，他们可以预期更多的挣扎与更能自我实现的潜能。

关于"自我察觉"，它不仅包含着对自身的察觉，同时也在极大程度上涵盖着对他人的察觉。我们可以通过观察他人的言行，更好地理解对方，从而更好地做到"共情"。在现今的社会中，一个人只有懂得理解与合作，才能更好地成就他自身的工作与生活，而这种对他人的洞察力，可以促使我们取得事半功倍的效果。同时，我们只有心中有他人，把"小我"融入"大我"中，才能成为一个具有社会兴趣的人，才能让自己的生活真正具有意义。

那么怎么观察一个人呢？

首先从眼睛开始。因为眼睛是人的心灵之窗，一个人的想法经常会由眼神中流露出来，譬如天真无邪的孩子，目光必然清澈明亮，而利欲熏心的人，则无法掩饰他眼中的混浊不正。

在人们交谈的过程中，如果对方不时地把目光移向近处，则表示他对你的谈话内容不感兴趣或另有所想。如果对方的眼神上下左右不停地转动，无法安定下来，可能是因内心害怕而说谎，通常都有难言之隐，也许是为了不失去朋友的信任，而对某些事情的真相有所隐瞒。另外，和异性视线相遇时故意避开，表示关切对方或对对方有意；眼睛滴溜溜地转个不停的人，体现了意志力不坚，容易遭人引诱而见异思迁。

眼神与性格品质的关系。眼睛的神采如何，眼光是否坦荡、端正等，都可以反映出对方的德行、心地、人品、情绪。如果对方的眼睛滴溜溜地乱转，很明显，你必须心存戒备了。躲闪对方目光的人，一向缺乏足够的信心，不仅怀有自卑感，而且性格软弱；遇到陌生人，不会主动地前去打招呼，即使打招呼也是躲闪着别人的眼睛，这样的人一般比较拘谨，在处理问题时缺乏自信，没有什么主见。当然，如果是一对恋人，那样躲闪对方的目光又是另一回事了，那表示紧张或羞涩。

其次是动作。一个人的动作往往会反映出他的心里有话要说。如他上身前倾，肩膀向下垂落，视线飘过你的头顶上。很多人决定吐露事情真相的关键时刻，会不由自主做出这种肢体语言。这个姿势代表他的心理处于柔顺、服从的状态，并暗自希望能获得你的谅解。

如果他想说的并非是什么对不起你的亏心事，当然不会藏在心里太久。假使他欲言又止的次数越来越频繁，话到嘴边又吞了回去，代表事情的真相极有可能惹得你非常不悦。

如果他的手置于臀部下方，也就是说，他坐在自己的手上，代表此人正竭力控制自己，以免脱口说出不该说的话。

理解力：现实判断与人际关系

现实判断决定着我们对周围世界发生的事物的辨别程度，比如说人际关系，当一个人对人际关系有了一定辨别，那么他就会根据自己判断与人交往。

美国学者斯坦和布克强调现实判断的一个重要方面时，提出现实判断必须发生在"现在"。他们认为："现实判断包括接受直接情景。它表示能够客观地看待事物，按照它们本来的面目作出判断。"简单地说，现实判断就是能够准确地判断直接情景。

比如说人际关系，在人际关系中，现实判断起了很大的作用。我们无法把握现在的人际关系，只能通过自己的认知获得，比如这个人的背景，人生观、价值观等。我们的认识源于他们背后的一切，它们给我们描绘了一个地图，去了解他人的地图，但是无论这张地图多么准确，也永远成不了整个版图。提高现实判断才能让这个版图更加丰富、准确。

绝大多数人认为人际关系是令他们头痛的事，奇怪的是你越觉得它讨厌，你就越不容易搞好它。于是，我们会羡慕那些总受人们喜欢的人，不知他们的成功秘诀在哪儿。其实，差别就在于情商的高低。

布朗先生参加一个社交聚会，交换了一大堆名片，握了无数次手，也搞不清楚谁是谁。

几天后，他接到一个电话，原来是几天前见过面也交换过名片的"朋友"，因为那位"朋友"名片设计特殊，让他印象深刻，所以记住了他。

这位"朋友"也没什么特别的目的，只是和他东聊西聊，好像两人已经很熟了一样。

布朗先生不大高兴，因为他和那个人没有业务关系，而且也只见了一次面，他就这样打电话来聊天，让他有被侵犯的感觉，而且，也不知和他聊什么好！

在现代社会中，这种情形常会出现，以这位"朋友"来看，他有可能对布朗先生的印象颇佳，有心和他交朋友，所以主动出击，另外也有可能是为了业务利益而先行铺路。但不管基于什么样的动机，他采取的方式犯了人际交往中的忌讳——操之过急。拓展人际关系是名利场上的必然行为，但在社会上，有一些法则还必须注意，才能达到预期的效果，而不致弄巧成拙。那个"朋友"之所以让布朗先生不高兴，是因为在人际关系里，他缺乏现实判断。从而引起布朗先生的反感。

在现代社会生存发展中，的确需要拓展人际关系，积累人脉，但朋友是需要时间去交往的。太过心急，只会引起对方的反感而逃避。所以，搞关系也要循序渐进，一步一步地慢慢接触，这样拓展出的人脉才是稳定的，才是正确的现实判断。

高情商者不仅会受到他人的喜爱，更易得到别人的帮助。高情商的人知道如何培养现实判断，从而达到人际关系的通达。

情商的高低决定一个人所思所为的差异，而这一切都决定了你给他人留下的印象和受欢迎的程度。一个人在生活中经常会遇到种种不如意，有的人容易因此大动肝火，结果把事情搞得越来越糟。而有的人则能很好地控制自己的情绪，加强自己的现实判断，无论是对自己还是对他人都有一个正确而客观的判断，所以他们在交际中常立于不败之地。

培养出色的现实判断力，对于人们的人际关系有着很大的益处。

它能够让人们避免因为粗心大意让自己和他人受到意想不到的麻烦，从而使人际关系变得极差。

　　总之，想成为一个高情商的人就需要有良好的现实判断的能力。从而促进人们和其他成员达成共识，打造良好的人际关系网。

行动力：自我实现与解决问题

以色列著名心理学家巴昂说过："自我实现是追求实现潜在能力、才能和天资的过程。"它要求个体具有确定和实现目标的能力和动力。它的特征是参与并感受全身心致力于各种兴趣与追求，从而解决问题。只有当人的潜力充分发挥并表现出来时，人们才会感到最大的满足。

对希望自己的人生能臻于自我实现的人，马斯洛有以下建议：

1. 把自己的感情出口放宽，莫使心胸像个瓶颈。

2. 在任何情境中，都尝试从积极乐观的角度看问题，从长远的利害做决定。

3. 对生活环境中的一切多欣赏、少抱怨；有不如意之处，设法改善；坐而空谈，不如起而实行。

4. 设定积极而有可行性的生活目标，然后全力以赴求其实现；但不能期望未来的结果一定不会失败。

5. 对是非之争辩，只要自己认清真理正义之所在，纵使违反众议，也应挺身而出，站在正义的一边，坚持到底。

6. 莫使自己的生活僵化，为自己在思想与行动上留一点弹性空间，偶尔放松一下身心，将有助于自己潜力的发挥。

7. 与人坦率相处，让别人看见你的优点和缺点，也让别人分享你的快乐与痛苦。

自我实现能够促进人们快速成长，随着人们潜能的不断提高，自我实现能力无可限量，他可以帮助人们解决很多问题，甚至能超越自己的能力，从而发现不一样的自己。

当遇到不顺心的事时，要告诉自己一切都会过去的，这没有什么大不了的。相信自己通过努力可以改变目前的状态，这是一种神奇的力量，来自于自我实现的力量，也是情商的重要内容之一。

关于在自我实现的过程中会有几个问题：

1. 在此过程中我做得怎么样？是否达到了我预期的效果？

2. 在此过程中我表现的如何？是否被人们认可，是否达到了解决问题的目的？

3. 我对现在的状况满意吗？是我想要的吗？

4. 这次经历中，是按照我的思想与进度前进的吗？

5. 我是受到鼓舞和肯定而成为最出色的吗？

这些问题都会在自我实现与解决问题当中出现，高情商的人会把这些问号都实现为一个理想化的结局。

那么就做一个小小的测试，看看你的自我实现如何？对下面的陈述，按以下标准自动选择最符合你的分数：

1＝不同意；2＝比较不同意；3＝比较同意；4＝同意。

1. 我不为自己的情绪特征感到丢脸，我会表现的很平淡。

2. 我觉得我必须做别人期望我做的事情，而且得到对方的认可。

3. 我相信人的本质是善良的、可信赖的。恶是后天环境造成的。

4. 我觉得我可以对我所爱的人发脾气，以达到发泄的目的。

5. 别人应赞赏我做的事情。这样我会感觉自己被尊重。

6. 我不仅能接受自己的弱点，并一定要改正它。

7. 我能够赞许、喜欢他人。

8. 我害怕失败，不敢面对失败，甚至有些时候还会逃避。

9. 我不愿意分析那些复杂问题并把它简化。

10. 做一个自己想做的总比随大流好。

11. 在生活中，我没有明确的要为之献身的目标。

12. 我恣意表达我的情绪，不管后果怎样。

13. 我没有帮助别人的责任。

14. 我总是害怕自己不够完美。

15. 我被别人爱是因为我对别人付出了爱。

计分时，以下题目要反向计分：2、5、6、8、9、11、13、14（选择"1"计4分；选择"2"计3分；选择"3"计2分；选择"4"计1分）。然后把15道题的分数相加。可以将你的分数和下面的大学生常模进行比较。分数越高，说明在你人生的某个阶段，越有可能达到自我实现。

	平均分	标准差
男生	45.02	4.95
女生	46.07	4.79

控制力：控制情绪与保持平静

控制情绪是成就大事的本领。没有控制，你的强项就会顿时消失。人是一种具有思维和感情的动物，所以每个人都有情绪的波动，这也是人和其他动物的不同之处。不过，现实生活中有人控制情绪功夫一流，喜怒不形于色；有人则说哭就哭，说笑就笑，当然，说生气就生气！随意哭笑的情绪表现到底是好还是坏呢？有人认为，这是一种"率直"的性格，是一种很可爱的人格特征。这么说也不是没有道理，因为喜怒哀乐都表现在脸上的人，别人容易了解，也不会对他持有戒心，而且，有情绪就发泄，而不积压在心里，这也有利于心理健康，但说实在的，这种"率直"实在不怎么适合在现实社会中行走。

一位骑师精心训练了一匹好马，所以骑起来得心应手。只要他把马鞭子一扬，那马儿就乖乖地听他支配，而且骑师说的话马儿句句都明白。

骑师认为用言语指令就可以驾驭住了，缰绳是多余的。有一天，他骑马外出时，就把缰绳给解掉了。

马儿在原野上驰骋，开头还不算太快，仰着头抖动着马鬃，雄赳赳地高视阔步，仿佛要叫他的主人高兴。但当它知道什么约束都已经解除了的时候，它就越发大胆了，它再也不听主人的叱责，越来越快地飞驰在辽阔的原野上。

不幸的骑师，如今毫无办法控制他的马了，他用颤抖的手想把缰绳重新套上马头，但已经无法办到。失去羁控的马儿撒开四蹄，一路狂奔着，竟把骑师摔下马来。而它还是疯狂地往前冲，像一阵风似的，路也不看，方向也不辨，一股劲儿冲下深谷，摔了个粉身碎骨。

情绪就如同这匹马一样，如果你不控制住，就如同脱缰的马儿一样，虽然驰骋自由，但最终会害了自己。

不能控制情绪的人，往往给人一种不成熟或还没长大的印象。如果你仔细想想，只有小孩子才会说哭就哭，说笑就笑，说生气就生气，这种行为发生在小孩身上，大人会认为这是天真烂漫，但如果发生在一个成年人身上，人们就不免会对这个人的人格发展感到怀疑了，就算不当你是神经病，至少也会认为你还没长大。如果你已经这样好几年了，或是已经过了30岁，那么别人会对你失去信心，因为别人除了认为你"还没长大"之外，也会认为你没有控制自己情绪的能力。这样的人，一遇不顺就哭，一不高兴就生气，怎能做成大事？这已经和你个人能力无关了。

所以，在社会上行走，控制情绪是很重要的一件事。一个高情商的人往往会懂得控制情绪并随时保持平静，才会避免不理智的行为。

控制情绪会提高生产效率和自我尊重感。通过理智和周密的理性思维克制具有强迫性的冲动力，可以产生和释放力量。若能提高这种能力，人们应对生活中的问题时，一定会做出更好的表现。他会体验到以下行为改变：

1. 等待公共汽车时，不再因为好久没来而烦躁不堪，在等待中也可以平静地欣赏音乐。

2. 会议中，让他人表达想法，而不是自己一直在说，强迫别人接受自己的想法。

3. 放松地走下车，面对挡住自己的司机，也要笑一笑。

4. 保持自己的苗条体形。

能满脸笑容地面对烦心事的人，是能控制自己情绪的人。他们要大大强于那些一旦身处逆境便一蹶不振的人。那些能笑对逆境的人向世人表明，他是由能赢得胜利的材料构成的，因为没有哪个凡人能成功地做到这一点。

有一次，卡耐基和办公大楼的管理员发生了一场误会，这场误会导致了他们之间的憎恨。这位管理员为表示对卡耐基的不满，便给他时不时添些小麻烦。一天，管理员知道整栋大楼里只有卡耐基在办公室里时，立刻把全楼的电灯关了。这样的情形发生了好几次，最后，卡耐基忍无可忍，决定"反击"。

某个周末，机会来了。卡耐基在他的办公室里准备一份计划书，忽然电灯熄灭了。卡耐基立刻跳起来，奔向楼下地下室，他知道在那儿可以找到这位管理员。当卡耐基到那儿时，发现管理员正倚在一张椅子上看报纸，还一边吹着口哨，仿佛什么事情都未发生似的。

卡耐基立刻破口大骂。一连5分钟之久，他用尽了天下所有的脏字来侮辱管理员。最后，卡耐基实在想不出什么骂人的词句，只好放慢语速。这时候，管理员放下手中的报纸，脸上露出开朗的微笑，并以一种充满自制和镇静的声音说："呀，你今天有点儿激动，不是吗?"

他的话像一支利箭，一下子刺进了卡耐基的心。

卡耐基羞愧难当：站在自己面前的是一位只能以开关电灯为生的工人，他在这场战斗中打败了自己，而且这场战斗的场合和武器，都是自己挑选的。

卡耐基一言不发，转过身，以最快的速度回到办公室。他再也做不了任何事了。当卡耐基把这件事反省了一遍又一遍后，他立即看出了自己的错误。卡耐基到地下室后对那位管理员说道："我回来为我的行为道歉，如果你愿意接受的话。"

管理员脸上露出了微笑，说："凭着上帝的爱心，你用不着向我道歉。除了这四堵墙壁，以及你和我之外，并没有人听见你刚才说的话。我不会把它说出去的，我知道你也不会说出去的，因此，我们不如就把此事忘了吧。"

由此卡耐基一再告诫我们，自制是一种十分难得的能力，它不是枷锁，而是你带在身上的警钟。

那些以为自制就会失去自由的人，对"自由"与"自制"的意义显然还没有深刻的领会。因为自我控制不是要以失去自由的意志为代价，而自控恰恰是为了保证自由在最大限度内的实现。

控制自己的情感是一个人把握自我的最基本要求：在日常生活中，

人的情绪发生一定的起伏波动，这确实是一种无法避免的现象。我们每个人可能都曾有过这样的体验：一旦自己情绪特别好的时候，不仅神清气爽，而且工作起劲，对人对事充满了光彩与希望，周围的一切似乎都是那么美好；而有时候，人的情绪特别低落，不但心情沮丧，而且意志消沉，你身边的世界仿佛布满了灰暗与失望。

对一般的人来讲，完全处于这种极端的欢乐与悲哀的情绪反应不易为个体所控制，因此对个体生活极具影响作用。一旦情绪产生，有些人往往一度沉沦于悲哀、痛苦、抑郁、孤独的心境之中而不能自救自拔。这种认为情绪无法控制、只能听之任之的观点会给人的生活带来极大的负面影响。

可见控制情绪对于人们来说是多么的重要，它不仅有益于人们的人际交往，更能提高个人的情商。

忍耐力：忍受压力与坚持梦想

　　生活中有许许多多的事是我们始料不及的，但是如果你能忍受压力，跌倒了还能够爬起来，现实往往会与理想产生矛盾，有了矛盾就会有压力，也许你的心中有一盏指路明灯，可它似乎可望而不可即，折磨着你那进取的心；或许你想做些好事，却把事情弄得一团糟；或许你憎恨背信弃义，可又耽于世上的一切琐事；或许你很想超越自我，现实却被一一否定……压力渐渐向我们袭来，我们想要活得充实、自在、快乐，那就必须学会忍受压力的折磨。

　　有句话说得好："人们在忍受压力的同时，会有一个动力支撑着，那就是坚持梦想。"曾经有一个研究机构，针对哈佛大学毕业生的事业成功规律做过一次调查，最后研究者发现：同样基础的人，那些做出巨大成功的绝大部分是年轻时就心怀梦想，并始终坚持的那些。而虽然同样毕业于这所顶尖大学，成绩也相当优秀的毕业生，没有梦想的那些，往往一样碌碌无为。

　　美国《孟菲斯商报》一篇题为"紫色之光照耀大地"的文章指出："联邦快递公司的故事，就是充满了理想、冲动、资本及冒险的企业成长的故事。"风险投资资本家戴维·西尔弗说："联邦快递公司是一个奇迹。"

　　联邦快递早在创立之初的三四年里，就遇到过五六次重大危机，但是弗雷德·史密斯始终拒绝放弃，设定的目标没有达成他是绝不罢休的。弗雷德·史密斯充满传奇色彩的创业故事是联邦快递公司执行精神的源头。

　　1971 年 6 月 28 日，联邦快递公司正式成立。创业之初，弗雷德寻求与美国联邦储备系统的合作，因为当时的联邦储备系统有许多票据需要在银行间传输，是一个极大的客户。在弗雷德·史密斯看来，自己提供的隔夜传递可以为对方节省大量的金钱与时间，好处是显而易见的，对方根本没有理由拒绝这种服务，他坚信这笔生意肯定能做成，甚至连公司的名字都定为联邦快递公司。在与联邦储备系统进行谈判的同时，这个冒险家就已经信心十足地购买了两架飞机，还投资35万美元，为一笔360万美元的银行贷款做了担保，把购得的客机改装成货机以适用于运送包裹。

可是，几周以后，弗雷德得到的是联邦储备系统拒绝接受"隔夜快递"服务的消息，因为这会让很多原先运送票据的人失去财源。用飞机为联邦储备系统快递票据的计划彻底失败了，特地购买的两架飞机被闲置在机库里，刚刚建立起来的联邦快递公司和年仅26岁的弗雷德面临着首战失利的沉重打击。每个人都对弗雷德说，他开创隔夜送包裹的速递服务是疯了，民用航空委员会决不会批准这么做，可靠的送货员也不可能找到。此外，如果这种服务有市场，主要的航空公司早已经这么做了。

从1972年到1973年年初，弗雷德投资7.5万美元组成了由专家、飞行员、技师、广告代理商等组成的高级顾问小组，再次进行市场研究。结论是，小件包裹的快递业务确实有巨大的市场潜力。弗雷德制订的新营业计划更加复杂和宏大，要有很多的飞机和汽车，还要在全国建立服务网、开通多条航线。

联邦快递就这样不屈不挠地坚持了两年，最终迎来了重大的转机。由于对商业运输的需求突然猛增，国内主要货运机构对大城市的业务都应接不暇（铁路快运公司还因员工的长期罢工而破产），根本就没有力量去满足小城市的要求，这为联邦快递提供了重大的市场缺口，使它的业务量迅速增加。

最后，联邦快递公司终于走出困境，并创造了奇迹。1977年，弗雷德被纽约一家杂志评选为全国十大杰出企业家。

正如美国的托马斯·爱迪生所说："天才是1%的灵感加99%的汗

水。"最重要的是在关键时候要忍受压力，并坚持最初的梦想。在任何时候，面对困难我们都不要妥协，要坚信"再努力一次"就会有新的转机。

再伟大的成功都是做出来的结果。此语虽然简单，但能揭示成功最基本的规律。在泰山脚下，畏难者会想，那么高远，何以登顶？而不畏难者会想，目标在前，脚下一步一脚印，终能登顶。安于待在山脚下的人，永远没有高远的视野和行动的勇气与决心，更难享成功的快乐！而那些登顶者，才能享受过程的快乐和高处的风光！才能"一览众山小"，拥有非凡的气概！

谁都知道凡尔纳是一位世界闻名的法国科幻小说家，但很少有人知道，凡尔纳为了发表他的第一部作品，曾经遭受过多么大的挫折。

这里记录的，就是凡尔纳当时一段令人难忘的经历：1863 年冬天的一个上午，凡尔纳刚吃过早饭，正准备到邮局去，突然听到一阵敲门声。凡尔纳开门一看，原来是一个邮政工人。工人把一包鼓鼓囊囊的邮件递到了凡尔纳的手里。一看到这样的邮件，凡尔纳就预感到不妙。自从他几个月前把他的第一部科幻小说《乘气球五周记》寄到各出版社后，已经是第 14 次收到这样的邮件了。他怀着忐忑不安的心情拆开一看，上面写道："凡尔纳先生：尊稿经我们审读后，不拟刊用，特此奉还。××出版社。"每看到这样一封封退稿信，凡尔纳心里都是一阵绞痛。这次是第 15 次了，还是未被采用。

他妻子安慰丈夫："亲爱的，不要灰心，再试一次吧。"凡尔纳沉默了好一会儿，然后接受了妻子的劝告，又抱起这一大包书稿到第 16 家出版社去碰运气。这次没有落空，他们读完书稿后，立即决定出版此书，并与凡尔纳签订了 20 年的出书合同。

没有他妻子的疏导，没有"再努力一次"的勇气，我们也许根本无法读到凡尔纳笔下那些脍炙人口的科幻故事，人类就会失去一份极其珍贵的精神财富。

每个人的生命都是由自己掌控的，享受它，承受它，这是唯一真正属于你的权利。坚持自己的梦想，这样你会把压力变为动力，驱使着你前进。

下面来测测你的承压指数吧！小小奇异果，不仅营养健康，还可以测试出你到底可以承受多少压力。请问奇异果给你什么感觉？

A. 青涩香甜

B. 点缀甜点时非常漂亮

C. 小巧可爱

D. 毛茸茸的外皮很可爱

E. 毛茸茸的外皮不太好看

测试分析：

选择 A：承受压力指数为 8 分

你生命力旺盛，能快速了解别人的需要，善于理解复杂的人际关系，容易成为富贵中人。品位高，条件好，并重视个人成长，是一个极有智慧的人。但这种人容易因自以为是而粗心犯错，使别人深感困扰，不听别人劝导而惹来烦恼，会因此而情绪失控，要记得小心，不要触犯他人。

选择 B：承受压力指数为 3 分

你喜欢简单朴实的人生，诚恳的生活态度，使围绕在你身边的人很有自信和安全感，你会全力以赴地去照顾和体贴心爱的人和所有亲朋好友，多愁善感是压力指数的致命伤。使你最感骄傲的是人人都因你而有福，希望得到别人的鼓励和赞扬，使你疲倦，不如放下标准，自由自在过自己的人生。

选择 C：承受压力指数为 9 分

诚恳地对待他人，使你能透视这个世界，找到纯真善良一面，充满自信又肯上进。你的特长是能找到许多机会，创造健康快乐的人生，与人和平共处，人缘极佳。胆小怕事使你包容许多人的缺点，任由他们做坏事，不知后果的严重性，小心受牵连，多交一些世故的朋友，帮助你认清事实。

选择 D：承受压力指数为 7 分

你有喜感十足的性格，活泼、浪漫、天真，像未失童心的人，永远能陶醉在欢笑声中，快乐时会想欢呼或手舞足蹈，你不会让痛苦或枯燥的生活打扰你欢愉的心情，是典型适者生存者。但你的持续能力不长，有碍事业发展。若喜欢把事业放在娱乐之后，更需检讨人生失败的缘由，因为你会因此而导致太多困扰。

选择 E：承受压力指数为 6 分

敏感度很高，适合从事有创意的工作。工作能力很强，能主动关怀许多人与事物，即使相貌平凡也露出纯朴实在的气质。你永远都会把感情和事业放在非常重要地位。不断走向前程。你是勇气十足的人，胆识高人一筹，但无法恰当表现自己的才华，你应该先懂得生活，人际关系才会处理好，压力因此而消失。

第四章

想成功，先培养情商

情商教育决定孩子的未来

前些年人们还为许多"少年天才"而津津乐道，但中国科技大学的"少年班"的同学，有许多后来竟然不及普通的大学毕业生。

这不禁引起人们的思考，究竟是什么原因让这些智商极高的孩子，最后却取得了与之不相符的成绩呢？

曾有这样一个实验：

让一群儿童分别走进一个空荡荡的大厅，在大厅最显著的位置为每个孩子准备了一块软糖。测试老师对每一个将要走进去的孩子说："如果你能坚持到老师回来时还没把那块软糖吃掉的话，将会得到一个奖励——再给你一块软糖，也就是说，你将得到两块软糖。但是，如果你没等到我回来就把糖吃掉的话，那么你只能得到一块。"

实验开始，孩子们依次走进大厅……

实验结果发现，有些孩子缺乏控制能力，大人不在，又受不了糖的诱惑，就把糖吃掉了。另外一些孩子，则牢牢记住了老师所讲的话，认为自己只要能够再坚持一会儿，就可以得到两块糖，于是，尽量控制住自己。他们并非不受糖的诱惑，而是努力地转移自己的注意力，他们有的唱歌，有的蹦蹦跳跳，有的干脆趴在桌子上睡觉，坚持不看那块软糖，一直等到老师回来。

这样，他们就得到了奖励——第二块软糖。

专家们把孩子分成两组：能够抵御诱惑、坚持下来得到两块软糖的和不能够坚持下来只得到一块软糖的孩子，并对他们进行了长期的跟踪调查。结果发现，在他们长大以后，那些只得到一块糖的孩子普遍没有得到两块糖的孩子获得的成就大。

可见，情商对于一个孩子的重要性。人们在探寻杰出人物成才的道路上，也逐渐认识到情商教育对于他们成长的影响。

一些智商普通却表现出众的人物，无一不在向世人昭示这一成功的孩子的一些美德与修养来自于家庭的培养，这些都是情商的培养。父母是孩子们情商学习的榜样。对待孩子的教育，身为父母的一定要表里如一，不能一方面要求孩子诚实、懂礼貌，另一方面自己背地里弄虚作假、爱占小便宜，这样的情商教育只会让孩子产生怀疑，要么他也学会了不好的品质，要么有可能对父母不尊重。

从前，有个忠实的小伙子叫汉斯，一个人住在一间小屋子里。他非常勤劳，拥有一座在村庄里最美丽的花园。汉斯有很多的朋友，但其中有一个他最要好的朋友，叫大休，是个磨坊主。磨坊主是个很富有的人，他总是自称是汉斯最忠厚的朋友，因此他每次到汉斯的花园时，都以最好的朋友的身份拎走一大篮子美丽的鲜花，在水果成熟的季节还拿走许多水果。磨坊主经常说："真正的朋友就该分享一切。"但他从来没有给过汉斯什么回赠。

冬天的时候，汉斯的花园枯萎了。磨坊主朋友却从来没去看望过孤独、寒冷、饥饿的汉斯。磨坊主天真无邪的儿子问他："爸爸，为什么不让汉斯到咱们家来呢？我会把我的好吃的、好玩的都分给他一半。"谁想到磨坊主却被儿子的话气坏了，他怒斥这个上了学却仍然什么都不懂的孩子，他说："如果汉斯来到我们家，看到我们烧得暖烘烘的火炉，我们丰盛的晚饭，以及我们甜美的红葡萄酒，他就会心生妒意，而嫉妒是友谊的大敌。"

多么虚假的磨坊主，在他这种"教育"下，本来心灵美好的孩子该有多大的变化啊？因此，我们在教育孩子的同时，更应注意自己的言行，让孩子拥有健康的人格是每个家长的义务。如同著名的女强人杨澜所言："关于孩子的培养，我并不看重他会弹什么琴，画什么画，我更在意培养他面对困难时的性格以及健全的人格。"这就是情商教育。

值得一提的是，情商培养还有助于帮助孩子发挥自己的潜能。

人在绝境或遇险的时候，往往会发挥出不寻常的能力。人没有退路，就会产生一种"爆发力"，这种爆发力就是潜能。人的潜能是多方面的：体能、智能、情绪反应等。然而，由于情境的限制，人只发挥了十分之一的潜能。

人的潜能是最宝贵的资源，是最宝贵的潜在的财富。

20世纪初，美国著名心理学家詹姆斯指出：一个普通的人只运用了其能力的10%，还有90%的潜能尚未被利用。后来，心理学家玛格丽特·米德研究发现：每个人只用了他的能力的6%，还有94%的潜能未被利用。

1980年，世界著名的心理学家奥托认为："据我最近发现，一个人所发挥出来的能力，只占他全部能力的4%。"也就是说，人类潜能的96%还未被开发。

当今世界鼎鼎大名的控制论奠基人N.维纳认为："可以完全有把握地说，每一个人，即使他是做出了辉煌创造的人，在他的一生中利用他自己的大脑潜能还不到百亿分之一。"

20世纪30年代，英国一个不出名的小镇里，有一个叫玛格丽特的小姑娘，自小就受到严格的家庭教育。父亲经常向她灌输这样的观点：无论做什么事情都要力争一流，永远做在别人前头，而不能落后于人。"即使是坐公共汽车，你也要永远坐在前排"。父亲从来不允许她说"我不能"或者"太难了"之类的话。

对年幼的孩子来说，他的要求可能太高了，但他的教育在以后的年代里被证明是非常宝贵的。正是因为从小就受到父亲的"残酷"教育，才培养了玛格丽特积极向上的决心和信心。她总是抱着一往无前的精神和必胜的信念，尽自己最大努力克服一切困难，做好每一件事情，事事必争一流，以自己的行动实践着"永远坐在前排"。

玛格丽特上大学时，学校要求学5年的拉丁文课程，她凭着自己顽强的毅力和拼搏精神，硬是在一年内全部学完了。令人难以置信的是，她的考试成绩竟然还名列前茅。

其实，玛格丽特不光在学业上出类拔萃，她在体育、音乐、演讲及学校的其他活动方面也都一直走在前列，是学生中的佼佼者之一。当年她所在学校的校长评价她说："她无疑是我们建校以来最优秀的学生，她总是雄心勃勃，每件事情都做得很出色。"

正因为如此，40多年以后，英国乃至整个欧洲政坛上才出现了一颗耀眼的明星，她就是连续4年当选保守党领袖，并于1979年成为英国第一位女首相，雄踞政坛长达11年之久，被世界政坛誉为"铁娘子"的玛格丽特·撒切尔夫人。

其实玛格丽特·撒切尔夫人和大多数孩子一样，都有同样的大脑与智力，为什么她能获得成功呢？这和她父亲的教育是分不开的。那种一往无前的精神正是父亲给她灌输的情商教育，所以才激发她的潜能，使她成为一代传奇。

一位哲人说过：无论做什么事情，你的态度决定你的高度。撒切尔夫人的父亲对孩子的教育给了我们深刻的启示。

每个人身上都有巨大的宝藏有待我们来发掘，潜能帮助我们把工作、学习做得更出色，只要你相信，一切皆有可能。

一般来说，一个人的才能来源于他的智商，智商是天生的，但情商是靠后天培养的。但实际上，大多数人的志气和才能都深藏潜伏着，必须要靠外界的东西予以激发。潜能一旦被激发，并能加以继续地关怀和教育，就能发扬光大，否则终将萎缩而消失。

因此，如果人们的潜能与才能不被激发、不能保持、不能得以发扬光大，那么，其固有的才能就变得迟钝并失去它的力量。处在绝望境地而毅然奋起，可以启发我们成功的潜力，引爆我们的潜能。没有这种奋斗，也许我们将永远不能发现真正的自我。

任何成功者都不是天生的。成功的根本原因是开发了人的无穷无尽的潜能。只要你抱着积极的心态去开发孩子的潜能，他就会有用不完的能量，他的能力就会越来越强。相反，如果你抱着消极的心态，不去开发孩子的潜能，那你只有叹息孩子不争气了，并且越消极越无能。

影响情商高低的因素

美国哈佛大学心理学博士丹尼尔·戈尔曼在 1995 年出版了《情感智商》一书，文中提出的"情绪智慧"（Emotional Intelligence）这一理论在全球教育界掀起了一股强劲的旋风。他通过科学论证得出结论，智商"IQ"最重要的传统观念是不准确的，情商"EQ"才是人类最重要的生存能力；人生的成就至多 20% 可归诸于 IQ，另外 80% 则要受其他因素（尤其是 EQ）的影响。高情商者是能清醒地把握自己的情感、敏锐感受并有效反馈他人情绪变化的人。

概括地说，情商是指人识别和监控自己及他人的情感，运用共情技术恰当地维护心理适应和心理平衡，形成以自我激励为核心的内在动力机制，形成以理性调节为导向的坚强意志，妥善处理自身情绪情感、与人交往和个人发展等方面的问题。

情商的高低决定着一个人的成败与否，所以情商对于一个人来说很重要。那么如果想提高自己的情商，就需要找到影响情商高低的因素。

1. 先天因素

据英国《简明不列颠百科全书·智力商数》词条载："根据调查结果，约 70%—80% 智力差异源于遗传基因，20%—30% 的智力差异系受到不同的环境影响所致。"情商的形成和发展，先天的因素也是存在的。例如，"人类的基本表情通见于全人类，具有跨文化的一致性。"

美国心理学家艾克曼的研究表明，从未与外界接触过的新几内亚人能够正确地判断其他民族照片上的表情。但是，情感又有很大的文化差异。民俗学研究表明，不同的民族的情感表达方式有显著差异。

有人说：智商是先天的，而情商是后天的。这句话有一定的以偏盖全，虽说情商后天可以培养，但还是有一些先天因素在里面。

儿童心理学研究表明，先天盲童由于社会交流的障碍导致的社会化程度的影响，使其情感能力相对薄弱。人类学研究表明，原始人类的情感与文明人的情感有极大差异。他们易怒易喜，喜怒无常，自控能力很差。美国有的人类学研究者认为，人类童年时代的情感控制能力很弱，以今天的眼光看，很像是患有集体精神病。

2. 心胸

1861 年，那位死后仍被世界敬仰的伟大人物———林肯，面临着一个莫大的难题——战争已经爆发，却没有能够作战的将领。后来，林肯听说有一位将军，骁勇善战并善于训练军队，就请他担任主将。可是，这位将军的脾气一点儿也不比他的本事小，他经常在公开的场合羞辱林肯。有一次，林肯去他家造访，他却让林肯在客厅看电视，自己回楼上的房间睡觉。不知道有几个总统或者元首能够忍受如此的怠慢，但是林肯做到了。

无论到了什么世纪，美国人民终将由此而感激和怀念林肯，而那位将军，不过是幸运地遇到了林肯罢了，否则，可能第二天就会被降职、停用，一生的努力和杰出业绩将全无用处。

林肯的做法是杰出的，他有一句名言：我不关心个人荣辱，只在乎事态的发展。那些动不动就说"我宁愿如何，也不如何""我愿意，你管不着""我不在乎老板要我做什么，我只是受不了他的态度"的人，他们的情商首先值得怀疑，因为他们没有一个宽阔的心胸。其实一时的委屈很快烟消云散，有些事情却会影响深远。一个高情商人都有一颗宽大的心胸。

3. 思想

一个人追求的目标越高，就越容易不拘小节；一个人越成功，就越能忍受不公和不如意。志趣高远，牢记自己的目标，知道什么才是最重要的，什么只是暂时的、无所谓的，那么就不会对一些不快的情绪和不如意的事情耿耿于怀。那些献身一种伟大事业的人，可以不计个人荣辱，那些胸无大志的人常常连一句嘲讽都受不了。布莱克说：辛勤的蜜蜂永远没有时间悲哀。只有那些无所事事、浑浑噩噩的人才最容易庸人自扰。

4．自控

希尔曾说："一个有自制力的人，不会被人轻易打倒；能够控制自己的人，通常能够做好分内的工作，不管是多么大的挑战皆能予以克服。"许多年轻人情绪易波动，自制力较差，往往从理智上也想自我锤炼，积极进取，但在感情和意志上控制不了自己。

专家们认为，要成为一个自制力强的人，需做到以下几点：

（1）自我分析，明确目标；

（2）提高动机水平；

（3）从日常生活小事做起；

（4）绝不让步迁就；

（5）进行自我暗示和激励；

（6）进行松弛训练。

5．心态

人生在世，谁都会遇到许多不尽如人意的烦恼事，关键是你要以一种平和的心态去面对这一切。平和就是对人对事看得开、想得开，不斤斤计较生活中的得失，超脱世俗困扰、红尘诱惑，视功名利禄为过眼烟云，有登高临风、宠辱不惊的胸怀。这样的心态，不是看破红尘、心灰意冷，也不是与世无争、冷眼旁观、随波逐流，而是一种修养、一种境界。

拜伦说："真正有血性的人，绝不乞求别人的重视，也不怕被人忽视。"爱因斯坦用支票当书签，居里夫人把诺贝尔金奖给女儿当玩具。莫笑他们的"荒唐"之举，这正是他们淡泊名利的平常心的表现，是他们崇高精神的折射。

一个人的思维方式或者说心态，也直接影响到人们对情绪的处理。凡事能够用发展的眼光去看待，用积极的心态去面对，即便是件不好的事情也能从中受益。

　　智商与遗传关系很大，但情商主要是经过后天培养的。3—12岁是情商培养的关键期。情商教育能影响人的一生。心理学家们在跟踪调查后发现，凡是关键期受过正规情商培养的人，在学习成绩、人际关系及未来的工作表现和婚姻情况等，均优于未受过专门培养的人。可见，情商是很重要的，它有助于形成乐观自信的性格特征。

情商是可以改变的

在美国，人们流行一句话："智商决定是否被组织录用，情商决定能否提升。"情感智商不是天生注定的，是可以通过学习而重新组成的。如提高对自我的心理、感情成熟与否的认识能力；在日常生活中，用转移注意力等方式理性地控制情绪；运用内在动力和外在压力激励自我发展的能力；通过拉近空间距离和加大交往频率等方式提升人际交往能力；常常换位思考地去认知他人的能力。这些能力都是可以在后天改变的。

1. 思想改变情商

既然想到和得到之间似乎存在着一种天然的承接关系，那么是不是说我们想要一辆车，这辆车就会立刻出现在我们面前？我们想要一座房子，便会得到那栋漂亮别墅的钥匙呢？这些天方夜谭式的想法仿佛只会存在于童话故事中，但事实上我们完全有能力把它变为现实。

如果你能积极地面对生活，令人满意的生活就会降临到你的身上；反之，如果你认为自己注定一生倒霉，那么你便永远无法得到幸运女神的青睐。实际上，人类的生活正是思想的体现，所以我们在人生之路上迈出的每一步，根源都在于我们头脑中瞬时形成的想法，想法会形成感受，从而产生行动，导致结果，并最终成为我们能够感受到、触摸到的现实生活。所以，你的想法便能改变命运。

高情商者往往都会随着时间、社会、环境的变化而改变思想。每当一个使你感到沮丧或者消极的念头潜入你的思维时，马上提醒自己将想法转移到使你感觉良好或者充满能量的事情上。唯有这样，你才能选择正确的想法，明确地知道自己想要的是什么，才能实现吸引力法则这一宇宙法则的意义，获得行动的引导和动力。

2. 知识改变情商

我们说知识决定命运，主要有两方面的含义：一是指知识本身所具有的前所未有的巨大功能；二是指知识能够改善人的心态，重塑人的性格，从而改变人的情商。

歌德说："人不只是靠他生来就拥有的一切，而是靠他从学习中所得到的一切来造就自己。"培根在《论读书》中写道："读史使人明智，读诗使人聪慧，演算使人精密，哲理使人深刻，伦理使人有修养，逻辑修辞使人善辩。"显然，学习可以改变人的智商和情商。

有人则从另一个角度论述到：在竞争日益激烈的环境里，等到与对手碰面时，胜负其实早已定了。竞争比的是"准备"，比的是日积月累。

这种积累和准备，泛一点说，就是知识的积累和准备；具体点说，就是心态的准备、目标的准备和行动的准备（调整心态，明确目标，采取行动，都是求知的一部分）。

英国学者爱迪生说得对："知识仅次于美德，它可以使人真正地、实实在在地胜过他人。"没有知识（包括资讯、心态、目标等）的准备，你不会找到什么，也不可能碰到什么。知识的准备和积累，不仅仅是书本知识，而应该是广义的知识，比如说兴趣、爱好、阅历等，这些不仅改变自己的内涵，而且还会提高人们的情商。

3. 改变自己，改变情商

在数亿万年前，恐龙曾经是地球上最强大、最活跃的物种之一，但不知道什么原因被灭种了，至今没有一个科学家能拿出确实的证据来举证。但有人曾提出一个观点，就是当环境发生剧烈变化的时候，长期安于现状的恐龙缺乏"应变"和"学习"能力，无法改变自己以适应环境的变化。

现实生活中，存在很多恐龙式的人，我们姑且称之为"恐龙族"。"恐龙族"不喜欢改变，他们安于现状，没有野心，没有创新精神，没有工作热忱，满脑子目前的状态，不设法改进自己，不让自己有资格做更好的工作。"恐龙族"不肯承认改变的事实，他们不愿为自己制造机会，而情愿受所谓运气、命运的摆布。

在我们周围，你能发现许多类似的人：他们的生活状态不一定很好，可也不算很坏；他们的生活质量不一定高，可也不算太低；他们的人生说不上成功，可也算不上失败。他们一生最大的愿望就是能将他们目前的生活状态保持下去。他们也想过冒险，从而使自己的人生更加丰富多彩，但他们又担心万一失败连自己现在的也失去了。也就是说，寻求一种生活的安全感成了他们所追求的最高的人生目标。

如果总是随遇而安，把所谓的生活安全感放在人生的第一位，久而久之，我们就会产生一种惰性，机会来到面前也把握不住，所以一个高情商的人需要斗志，需要改变自己，这样才能更好地适应千变万化的世界。

4. 改变心态，提高快乐情商

每个人在生活中都会有类似的小插曲，这些小插曲正是我们追求快乐的最佳方法。世界呈现给我们的是一样的，所差别的只是对事物的看法不同而已。要活得快乐，就必须改变自己的态度。这就是快乐的真谛。

有一次爱特到美国观光，导游说西雅图有个很特殊的鱼市场，在那里买鱼是一种享受。同行的朋友听了，都觉得好奇。

那天，天气不是很好，市场鱼腥味刺鼻，但迎面而来的是鱼贩们欢快的笑声。爱特好奇地问当地的鱼贩："你们在这种环境下工作，为什么会保持愉快的心情呢？"他说，事实上，几年前的这个鱼市场本来也是一个没有生气的地方，大家整天抱怨。后来，大家认为与其每天抱怨沉重的工作，不如改变工作的品质。于是，他们不再抱怨生活的本身，而是把卖鱼当成一种快乐。

爱特又问："为什么一整天在这个充满鱼腥味的地方做苦工，你们竟然还这么快乐？"他们已经习惯了给这些不顺心的人排疑解难。有时候，鱼贩们还会邀请顾客参加接鱼游戏。即使怕鱼腥味的人，也很乐意在热情的掌声中一试再试，意犹未尽。每个愁眉不展的人进了这个鱼市场，都会笑逐颜开地离开，手中还会提满了情不自禁买下的货，心里似乎也会悟出一些道理来。

一个高情商的人会通过改变自己的心态来获取快乐的心情，然而这种好情绪还会传染人身边的每一个人。抱怨于改善环境无益，与其做无谓的事情，不如改变心态，使自己快乐起来。

总之，情商是可以改变的。俗话说"低智商的人不可怕，可怕的是低情商的人"，想要成为一个高情商的人，就要学会改变自己的情商，并成为一个情商达人。

一切困难都是提高情商的契机

　　每个人的生活绝非是一帆风顺的，都会遇到许多问题。我们每一个人的心理状态也都是一个连续谱，不会永远处在一个十分好的位置。正如咨询师常常说到的："心理问题就像我们日常的伤风感冒一样，是每个人都可能会遇到的正常现象。"然而，这些困难都可以提高我们个人的情商能力，是可以使我们在出现困难时更好地面对和解决它，使我们从中不断成长起来的。

　　他用自己的坚强意志书写不屈，他用自己的残障之躯奔跑于赛场。在一次次世界纪录的背后，他有着怎样的执着与坚韧！那里有汗水与泪水的凝结，那里有微笑与疼痛的表情，那里有一个名叫格连·康宁罕的勇敢斗士。

　　1917年10月的一天，在美国堪萨斯州洛拉镇，一家小农舍的炉灶突然发生爆炸。当时，屋里有一个8岁的小男孩，很不幸的是，他没有逃过这次劫难，孩子的身体被严重灼伤。医生无奈地告诉孩子的父母："孩子的双腿伤势太严重，恐怕以后再也无法走路了。"

　　生活就是这么残酷！在成长的某个阶段，也许命运会对我们不公，会让我们陷入许多难以预料的困境，但同样是困难，人们所收获的结果有时大相径庭。面对如此的不幸，男孩没有哭，也没有就此消沉，他暗暗下定决心：一定要再站起来。

　　在以后的日子里，父母看见儿子终日试图伸直双腿，不管在床上，还是在轮椅上，累了就歇一会儿，然后接着练。就这样足足坚持了两年多，男孩终于可以伸直右腿了。这下，家人对他都有了信心，只要有机会，大家都会帮着男孩练习。一段时间后，男孩竟然可以下地了。

但他只能一瘸一拐地走路，很难保持平衡，走几步就会摔倒。又过了几个月，男孩能正常走路了，虽然拉伸肌肉让他疼得说不出话来。

这是生命的奇迹，也是信心的奇迹，更是钢铁般意志所创造的奇迹。精神的力量到底有多大，谁也说不清楚，但有一点可以肯定，那就是：精诚所至，金石为开。

经过艰苦的锻炼，男孩腿上松弛的肌肉终于再次变得健康起来，多年之后，他的腿和从前一样强壮，仿佛从来没有发生过那次意外。男孩进入大学后，参加了学校的田径赛，他的项目是1英里赛跑，因为他立志成为一名长跑选手。从此以后，男孩的一生都和长跑运动紧密相连。这个被医生判定永远不能再走路的男孩，就是美国最伟大的长跑选手之一——格连·康宁罕。

事实上，面对生活中所遇到的坎坷与创伤，我们并不是只一味地抱怨，相反我觉得我们还更应该学会去感激它们。因为在挫折中，人才能不断地成长起来，同时也不断提高自己的情商。人的一生也就是在这种不断地试错排错过程中走向顶峰的，即使是在很小的挫折中我们所学到的东西，也要比我们长期一帆风顺所带给我们的丰富得多。不平凡的经历造就了不平凡的人。因此，只要你有心，只要你选择成长，生活就会变得与众不同！

苦难是人生中用来考验我们的一份最高含金量的试卷，只有经历过苦难磨砺的人生，才会光芒四射！因为，命运在赐予我们苦难的同时，往往也把一把开启成功之门的钥匙，放到了我们的手中，一切困难都是提高情商的契机。

其实，我们每个人都会遇到各种困难，有时甚至是不幸、厄运。苦难就像一条狗，生活中，它不经意就向我们扑来。如果我们畏惧逃避，它就追着我们不放；如果我们直起身子，挥舞着拳头向它大声吆喝，它就只有夹着尾巴灰溜溜地逃走。只要你拥有对生命的热爱，苦难就永远奈何不了你。

人生中会遇见种种意想不到的问题、困难，浅尝辄止，轻易言退，是做事的大忌。成功，往往产生于再试一次的努力之中。

古印度莫卧尔皇帝勇猛善战。有一次，因战争失利，他不得不在一个马厩里躲避敌军的搜捕。作为一国统帅竟然不得不躲在马厩里，他越想越丧气，简直忍不住要冲出去放弃自己的生命。就在这时，他看到马厩里有一只蚂蚁在艰难地拖着一颗玉米粒，试图爬过一道看来它不可能过去的坎儿。已经是第30次了，蚂蚁从坎儿上翻滚下来，但小小的蚂蚁似乎没有意识到困难的巨大，它又一次衔起玉米粒爬了上去，终于它成功地翻了过去。

莫卧尔从中受到了巨大的鼓舞。脱险后他再一次召集军队，不屈不挠地与敌人斗争，最后他建立了中世纪最后一个横跨欧亚非的帝国。

故事告诉我们：抱着绝不放弃的态度，是赢得美好人生永远适用的基本原则。人的一生难免会有很多的苦难，无论是与生俱来的残缺，还是惨遭生活的不幸，只要敢于面对，自强不息，就一定会赢得掌声，赢得成功，赢得幸福。很多时候，困难就像是弹簧，你强它就弱，你弱它就欺负你。勇敢是优秀的禀赋，只有勇敢地面对困难，克服困难，你才能获得成功。

有这样一个故事：

很久很久以前，有一个养蚌人，他想培养一颗世上最大最美的珍珠。

他去海边沙滩上挑选沙粒，并且一颗一颗地问那些沙粒，愿不愿意变成珍珠。那些沙粒都摇头说不愿意。养蚌人从清晨问到黄昏，他都快要绝望了。

就在这时，有一颗沙粒答应了他。旁边的沙粒都嘲笑起那颗沙粒，说它太傻，去蚌壳里住，远离亲人朋友，见不到阳光、雨露、明月、清风，甚至缺少空气，只能与黑暗、潮湿、寒冷、孤寂为伍，不值得。可那颗沙粒还是无怨无悔地随着养蚌人去了。

斗转星移，几年过去了，那颗沙粒已长成了一颗晶莹剔透、价值连城的珍珠，而曾经嘲笑它傻的那些伙伴们，依然只是沙粒，有的甚至已风化成土。

大自然让人们在奋斗的过程中不断成长、壮大与进步。这种过程是痛苦的经历还是深刻的体验，视一个人的态度而定。未经磨难，是不可能成功的。困难可以将你击垮，也可以使你重新振作——这取决于你如何去看待和处理困难。当你从困难中获取能量的同时，也提高了自己的情商。

著名成功学家温特·菲力说："失败，是走向更高地位的开始。"没有经受过大的失败的人，也不会获得大胜利。成功与失败如同人生发展的两个轮子。在实际生活中，只有自信主动、心态积极、坚持开发自己潜能的人才能真正领会它的含义。

你做一件事情失败了，这意味着什么呢？无非有三种可能：一是此路不通，你需要另外开辟一条路；二是某种故障作怪，应该想办法解决；三是还差一两步，需要你进行更多的探索。这三种可能都会引导你走向成功。失败有什么可怕呢？成功与失败，相隔只有一线。即使你认为失败了，只要有"置之死地而后生"的心理态度、自信意识，就可以反败为胜。如果你不是怕丢面子，怕别人说三道四，那么失败传递给你的信息只是需要再探索、再努力，而不是你不行。不敢再试一次，是导致事业和人生失败的致命原因。再坚持一下，成功就在拐弯处。

美国著名作家罗威尔曾说："人世中不幸的事如同一把刀，它可以为我们所用，也可以把我们割伤，那要看你握住的是刀刃还是刀柄。"苦难可以磨炼我们的意志，每个人都应勇敢地、坚定地走好生命中的每一步路，要正确地面对困难，因为一切困难都是提高情商的契机。

第五章

自我情商管理

你是自己的镜子

生活中，很多人习惯把别人当作认识自己的镜子，透过别人来看自己。而事实上，那面最明亮的镜子正是自己。

世上的事情虽然复杂多变，但还是坚持自己为好。自欺欺人是改变不了人们眼中的事实的，所以，人都需要以铜为镜，看清自己，认识自己，随时正衣、去污，保持真实的自己，从而做一个高情商的人，生活才能潇洒自如。

著名的理论物理学家爱因斯坦在普林斯顿大学授课时，曾这样讲述：

"昨天，"我的父亲说，"我和我们的邻居约翰大叔去清扫南边工厂的一个大烟囱。那烟囱只有踩着里边的钢筋踏梯才能上去。约翰大叔在前面，我在后面。我们抓着扶手，一阶一阶地爬了上去。下来时，约翰大叔依旧走在前面，我还是跟在他的后面。后来，钻出烟囱，我们发现了一件奇怪的事情：约翰大叔的后背、脸上全都被烟囱里的烟灰涂黑了，而我身上竟连一点儿烟灰也没有。"

我父亲继续微笑着说："我看见约翰大叔的模样，心想我肯定和他一样，脸脏得像个小丑，于是我就到附近的小河里去洗了又洗。而约翰大叔呢，他看见我钻出烟囱时干干净净的，就以为他也和我一样干净，于是只草草洗了洗手就大模大样上街了。结果，街上的人都笑痛了肚子，还以为约翰大叔是个疯子呢。"

爱因斯坦听罢，忍不住和父亲一起大笑起来。父亲笑完了，郑重地对他说："拿别人做镜子，白痴或许会把自己照成天才的。"

爱因斯坦听后顿时满脸愧色。

　　原来，小时候的爱因斯坦总是喜欢和那群顽皮的孩子在一起，不爱学习。父亲的话让爱因斯坦醒悟过来，从此以后，告别了那群顽皮的孩子，爱因斯坦时刻用自己做镜子来审视、映照自己，终于映照出了他生命的熠熠光辉。

　　其实，别人谁也不能做你的镜子，只有自己才是自己的镜子。"拿别人做镜子，白痴或许会把自己照成天才的。"这是爱因斯坦的父亲对这个故事的总结！

　　这就像一幅漫画上所描述的，一只猫站在镜子前得意地照镜子，结果镜子中映现出来狮子的面庞。它把狮子当作镜子，看到的自然是狮子的模样。

　　别人并不能映照出你自己，只有自己才是最明亮的镜子。来到这个世界上，每个人都有自己的角色和任务。一个人要牢记自己的使命，不断进取，努力去做最好的自己。

　　1000 个人有 1000 种生活方式，有 1000 种生活的愿望，不同的方式和愿望，就会产生不同的生活态度。你可以参照别人的态度确定自己的态度，也可以借鉴吸取别人成功的经验和失败的教训，但你永远不能教条地照着别人那样做。你必须看清自己，准确定位自己，明确自己的价值目标，弄清楚自己想追求什么，有哪些捷径可以走，可以采取哪些方法比较科学合理。

　　现实中不乏这样的人，随大流，从大众，人云亦云。他们的眼睛一直追随着别人。显然，他们仿效大众，把众人的追求当成了自己的追求，用别人的脚步来衡量自己的脚步。而每个人都是独立的个体，有自己的节奏和规律，每个人的追求也会不同，这种盲从只能让自己迷失了自己，殊不知最好的镜子始终是自己。

　　哈佛作为全世界众多学子向往的一流学府，能在那里学习的学子必定是凤毛麟角，因此总有一些自以为是的学生，他们对自身的能力没有全面的认识。哈佛的教授们总是善意地提醒学生说：做人就要做一个自知的人。因为唯有自知，方能知人。也就是说，自己要了解自己，自己是自己的镜子。

有个学生问同学："请问，你是否知道你自己呢？""是呀，我是否知道我自己呢？"同学想，"嗯，我回去后一定要好好观察、思考、了解一下我自己的个性和心灵。"回到家里，同学拿来一面镜子，仔细观察自己的容貌、表情，然后再分析自己的个性。

首先，他看到了自己的头发。"嗯，不错。"他看到了自己的鹰钩鼻。"嗯，英国大侦探福尔摩斯——世界级的聪明大师就有一个漂亮的鹰钩鼻。"他想。他看到自己的大长脸。"嗨！伟大的林肯总统就有一张大长脸。"他想。他发现自己个子矮小。"哈哈！拿破仑个子矮小，我也同样矮小。"他想。他发现自己具有一双大撇脚。"呀，卓别林就有一双大撇脚！"他想。于是，他终于了解了自己。

生活中我们要学会反躬自省，要学会每过一段时间就用它来擦拭我们的心灵，留下有益的一部分，摒弃不利的一面，并积极寻找有利于我们成长和进步的精华，这也是成功人生的必然要求。

自己给自己做镜子，就是用自己的目标检验自己的行动。这一辈子，你想做个什么样的人？你想办成什么样的事？你想学到什么样的知识？你想达到什么样的高度？你想让自己的人生如何度过？如果你不想让生命虚度，你就应该每天用自己的理想和目标衡量一下自己的言行。看一看，脸是不是需要洗，手是不是需要动，脚是不是需要走，腰是不是需要挺，你是否真正地认清你自己。

聪明的人认识自己，知道最好的镜子就是自己，聪明的人更善于利用好自己这面镜子，为成功做点滴的积累。聪明的你抓紧擦拭自己这面镜子吧！

控制自我是能力的体现

一个成功的人必定是有良好控制能力的人，控制自我不是说不发泄情绪，也不是不发脾气，过度压抑会适得其反。良好地控制自我就是不要凡事都情绪化，任由情绪发展，而是要适度控制，这是一种能力的体现。

20世纪60年代早期的美国，有一位很有才华、曾经做过大学校长的人，竞选美国中西部某州的议会议员。此人资历很高，又精明能干、博学多识，非常有希望赢得选举的胜利，而且他的威望很高。

就在他竞选过程中，一个很小的谎言散布开来：3年前，在该州首府举行的一次教育大会上，他跟一位年轻的女教师"有那么一点暧昧的行为"。这其实是一个弥天大谎，而这位候选人不能控制自己的情绪，他对此感到非常愤怒，并尽力想要为自己辩解。

就在这个时候，他的妻子对他说："既然这是一个谎言，那为什么还要为自己辩护呢？你越辩护自己，越说明这件事是真的，与其让其他人看笑话，不如我们不把它当回事。"

果然他把这件事当成小事，当有记者问他时，他说："这是一个误会，是一个谎言，时间会证明一切。"虽然只是简短的几句话，但是他赢得了更多人的支持。最后他竞选成功。

在关键时刻，故事的主人公能控制自己的情绪，控制了自我，这是能力的体现，他更是一个情商高手。他没有因为别人的误解而发怒，而是转换角度，从容面对，所以他成功了。

其实，人的情绪表现会受众多因素的影响，例如，他人言语、突发事件、个人成败、环境氛围、天气情况、身体状况，等等。这些因素可以按照来源分为外部因素（或刺激）和内部因素（看法、认识）。两种因素共同决定了人的情绪表现和行为特征，其中个人的观点、看法和认识等内部因素直接决定人的情绪表现，而个人成败、恶言恶语等外部因素则通过影响情绪内因而间接决定人的情绪表现。

传说中有一个"仇恨袋"，谁越对它施力，它就胀得越大，以致最后堵死我们生存的空间。因此，当我们遇到生气的事情，不必再将怒火重新点燃，实际上这于事无补。

情绪可以成为你干扰对手、打败对手的有效工具；反过来说，情绪也会成为对手攻击你的"暗器"，让你丧失理智，铸成大错。

电影《空中监狱》中有这样一段情节：从海军陆战队受训完毕的卡麦伦来到妻子工作的小酒馆，正当两人沉浸在重逢的喜悦中时，几个小混混不合时宜地出现了，对他漂亮的妻子百般骚扰。卡麦伦在妻子的劝阻下，好不容易按下怒火，离开酒馆准备回家去。没想到在半路上又遇到那帮人，听着他们放肆的下流话语，卡麦伦再也无法忍受了，他不顾妻子的叫喊，愤怒地冲过去和他们搏斗起来。混乱中，一个小混混从衣兜里掏出一把锋利的匕首，卡麦伦不假思索地夺过匕首，一刀捅入对方的胸膛……那人当场死亡了，卡麦伦因为过失杀人，被判了10年徒刑。无论他有多么后悔，也只得挥泪告别刚刚怀孕的妻子，在狱中度过漫长的痛苦时光……

卡麦伦的悲剧难道不是他自己造成的吗？如果他能够控制自己的情绪，不正面与歹徒冲突，又怎会酿成如此悲剧？制裁歹徒其实不一定要靠拳头和武力，当时，如果卡麦伦能稍微理智一些，向警方求助，事情一定不会演变到这种地步。你应该学着控制自己的情绪，不要轻易被对方干扰，丧失理智。

控制自我情绪是一种重要的能力，也是一种难能可贵的艺术。一个不懂得控制自我的人，只会任由其情绪的发展，使自己有如一头失控的野兽，一旦不小心闯到熙熙攘攘的人群中，则会伤人伤己。人是群居的动物，不可能总是一个人独处，因此，一旦情绪失控，必将波及他人。控制自我绝对是种必须具备的能力。

1754 年，身为上校的华盛顿率领部下驻防亚历山大市。当时正值弗吉尼亚州议会选举议员，有一个名叫威廉·佩恩的人反对华盛顿支持的候选人。据说，华盛顿与佩恩就选举问题展开激烈争论，说了一些冒犯佩恩的话。佩恩火冒三丈，一拳将华盛顿打倒在地。当华盛顿的部下跑上来要教训佩恩时，华盛顿急忙阻止了他们，并劝说他们返回营地。

第二天一早，华盛顿就托人带给佩恩一张便条，约他到一家小酒馆见面。佩恩料定必有一场决斗，做好准备后赶到酒馆。令他惊讶的是，等候他的不是手枪而是美酒。

华盛顿站起身来，伸出手迎接他。华盛顿说："佩恩先生，昨天确实是我不对，我不可以那样说，不过你已然采取行动挽回了面子。如果你认为到此可以解决的话，请握住我的手，让我们交个朋友。"从此以后，佩恩成为华盛顿的一个狂热崇拜者。

我们在钦佩伟人的同时，也要认识到控制自我的重要。许多伟人之所以能够名垂千古，与他们的从容豁达、宠辱不惊有很大的关系。而芸芸众生也许更多的是任由情绪的发泄，没有利用好控制自我的作用。

美国研究应激反应的专家理查德·卡尔森说："我们的恼怒有 80% 是自己造成的。"这位加利福尼亚人在讨论会上教人们如何不生气。卡尔森把防止激动的方法归结为这样的话："请冷静下来！要承认生活是不公正的。任何人都不是完美的，任何事情都不会按计划进行。"应激反应这个词从 20 世纪 50 年代起才被医务人员用来说明身体和精神对极端刺激（噪声、时间压力和冲突）的防卫反应。

理查德·卡尔森的一条黄金法则是："不要让小事情牵着鼻子走。"他说："要冷静，要理解别人。"他的建议是：表现出感激之情，别人会感觉到高兴，你的自我感觉会更好。

学会倾听别人的意见，这样不仅会使你的生活更加有意思，而且别人也会更喜欢你。每天至少对一个人说，你为什么赏识他，不要试图把一切都弄得滴水不漏；不要顽固地坚持自己的权利，这会花费不必要的精力；不要老是纠正别人，常给陌生人一个微笑；不要打断别人的讲话；不要让别人为你的不顺利负责。要接受事情不成功的事实，天不会因此而塌下来；请忘记事事都必须完美的想法，你自己也不是完美的。这样生活会突然变得轻松得多。

当你抑制不住生气时，你要问自己：一年后生气的理由是否还那么重要？这会使你对许多事情得出正确的看法。控制住自我，你的能力就会彰显出来。

情绪具有感染力

　　将一个乐观开朗的人和一个整天愁眉苦脸、抑郁难解的人放在一起，不到半个小时，这个乐观的人也会变得郁郁寡欢起来。道理很简单，悲观者将自己的苦闷、抑郁传递给了他，人的情绪就是这么的奇怪。情绪具有感染力，那就让我们及时调整好自己的情绪，不要让你的坏情绪到处去"惹祸"了。

　　有这样一幅漫画：

　　有个小男孩被老师骂了一顿，心情非常不好，在路边遇到一条觅食的小狗，便狠狠踢了它一下，吓得小狗狼狈逃窜；小狗无端受了惊吓，见到一个西装革履的老板走过来，便汪汪狂吠；老板平白无故被狗这么一闹，心情很烦躁，在公司里逮住他的女秘书的一点小小过错就大发雷霆；女秘书回家后，越想越气，把怨气一股脑儿全撒给了无辜的丈夫，两人吵了一架，把以前陈谷子烂芝麻的事都抖了出来；第二天，这位身为教师的丈夫如法炮制，把自己一个不长进的学生狠狠批评了一顿；挨了训的学生，也就是前面的那个小男孩怀着恶劣的心情放了学，归途又碰见了那条小狗，二话没说又一脚踹去……

　　看过漫画，大家都忍不住哈哈大笑，漫画用夸张的手法给我们展示了一条不良情绪的传染链。其实，我们每个人都是不良情绪的始作俑者，每个人也都是不良情绪的受害者。其实，只要中间的某个人可以控制住自己的情绪，这个恶性循环就不会再传递下去。

　　良好的情绪会带给周围人无尽的欢乐。如果我们仔细回想一下，一定能够想到许多因良好情绪而感染我们的例子。比如某小区的物业人员总是真诚、友善地和你道一句："你好！""再见！"之类的话语，你可能本来因忙碌而觉得心烦，但一听到他人的问候、看到他人的笑脸，你的内心也会绽放出一枝花来。许多经常来往的人会互相影响，也是基于这样的道理。但如果是坏情绪的传染，有时会带来毁灭性的灾难。

美国俄亥俄州大学社会心理生理学家约翰·卡西波指出，人们之间的情绪会互相感染，看到别人表达的情感，会引发自己产生相同的情绪，尽管你并未意识到在模仿对方的表情。这种情绪的鼓动、传递与协调，无时无刻不在进行，人际关系互动的顺利与否，便取决于这种情绪的协调。

情绪的感染通常是很难察觉的，这种交流往往细微到几乎无法察觉。专家做过一个简单的实验，请两个实验者写出当时的心情，然后请他们相对静坐等候研究人员到来。两分钟后，研究人员来了，请他们再写出自己的心情。这两个实验者是经过特别挑选的，一个极善于表达情感，一个则是喜怒不形于色。实验结果，后者的情绪总是会受前者感染，每一次都是如此。这种神奇的传递是如何发生的？

人们会在无意识中模仿他人的情感表现，诸如表情、手势、语调及其他非语言的形式，从而在心中重塑自己的情绪。这有点像导演所倡导的表演逼真法，要演员回忆产生某种强烈情感时的表情动作，以便重新唤起同样的情感。

研究发现，人容易受到坏情绪的传染，带着满肚子闷气，绷着脸回到家，摔摔打打，看什么都不顺眼，立刻便将坏情绪传染给了全家，整个晚上甚至连续几天都不得安宁。同样，在家里怄了气，也会把坏情绪带到外面。这就像一个圆圈，以最先情绪不佳者为中心，向四周荡漾开去，这就是常被人们忽视的"情绪污染"。用心理学家的话说：情绪"病毒"就像瘟疫一样从这个人身上传播到另一个人身上，一传十、十传百，其传播速度有时要比有形的病毒和细菌的传染还要快。被传染者常常一触即发，越来越严重，有时还会在传染者身上潜伏下来，到一定的时期重新爆发。这种坏情绪污染给人造成的身心损害，绝不亚于病毒和细菌引起的疾病危害。

　　同样，你听同一首歌，在家听的感受与到演唱会现场去听，结果肯定是大相径庭，因为你在现场情绪受到了感染。认识到情绪这种特殊的"传染病"，我们就要重视它，并积极利用正面情绪克制、舒缓负面情绪，这样才能拥有赢得成功的品质。

　　与其一天到晚怨天怨地，说自己多么不幸福，不如借由改变自己的情绪个性来改变命运。没有人是天生注定要不幸福的，除非你自己关起心门，拒绝幸福之神来访。千万别做个喜怒无常的人，让自己的心理状态完全被情绪左右，那样伤害的不只是别人，你自己也会因此失去拥有幸福的机会。

暗示的心理效应

所谓"自我暗示"，从心理学角度讲，就是个人通过语言、形象、想象等方式，对自身施加影响的心理过程。这种自我暗示常常会在不知不觉之中对自己的意志、生理状态产生影响。特别是对于那些病人来说，积极的自我暗示会使人有战胜疾病的信心，建立良好的心境，从而有益于病情的稳定和症状的消除。但是，消极的自我暗示会破坏和干扰人的正常的心理和生理状态，以致体内各种器官功能紊乱，抵抗力降低，为各种疾病大开方便之门。

暗示是用含蓄、间接的办法对人的心理状态产生迅速影响的过程，它用一种提示，让我们在不知不觉中接受影响。心理暗示是通过使用一些潜意识能够理解、接受的语言或行为，帮助意识达成愿望或启动的一种行为。研究发现，巧妙的暗示会在不知不觉中剥夺我们的判断力，对我们的思维形成一定的影响。

事实上，心理暗示现象在我们的日常生活中非常普遍，暗示每天都在不同程度地影响着人们的生活。比如，有一天，身边的人突然对你说："你的脸色不太好，是不是病了？"这句不经意的话你起初还不太注意，但是，不知不觉地，你真的会觉得头重脚轻，浑身隐隐作痛，似乎自己真的病了似的。最后，因为太担心，你到医院做了一番检查，当权威的医生向你宣布"没病"之后，你顿时觉得浑身轻松、充满活力，病态一扫而光。

有一位全美国顶尖的保险业务经理，要求所有的业务员每天早上出门工作之前，先在镜子前面用 5 分钟的时间看着自己，并且对自己说："你是最棒的寿险业务员，今天你就要证明这一点，明天也是如此，一直都是如此。"

经由这位业务经理的安排，每一位业务员的丈夫或妻子，在他们出门工作之前，都以这一段话向他们告别："你是最棒的业务员，今天你就要证明这一点。"

结果，这些业务员的业绩都在保险业居领先地位，他们必须努力工作，尽管卖保险不是一件容易的事情，因为从来没有人会自愿购买保险。

这位经理运用的就是自我暗示的原理。风能使一艘船驶向东，也能使它驶向西。自我暗示原则亦可将你推向高峰或使你坠入低谷。因此，我们需要做的就是不断地给自己积极的自我暗示——暗示自己一定会成功，会获得发展、进步。

暗示是一把双刃剑。它的作用可以是积极的，也可以是消极的。积极的心理暗示对我们的生活有着有益的帮助。比如，一名运动员的成绩已经非常接近世界纪录了，这时候，他的教练在旁边轻轻地对他说："你能行，你一定能得第一！"正是这一暗示，激发了他全部的潜能，使他在比赛中真的得了第一。暗示在运动员的成功中起到了积极的作用。但是，消极的心理暗示会带来极大的危害。

在一个大学心理系的一堂课上，教授向同学们介绍了一位来宾——"比尔博士"。然后，比尔博士从皮包中拿出一个装着液体的玻璃瓶，告诉大家："这是我正在研究的一种物质，它的挥发性很强，当我拔出瓶塞，它马上就会挥发出来。但它完全无害，气味很小。当你们闻到气味时，请立刻举手示意。"

说完，比尔博士拿出一个秒表，并拔出瓶塞。一会儿工夫，只见学生们从第一排到最后一排都依次举起了手。

"好，同学们，实验到这里就结束了。"心理学的教授告诉学生，"但是，我不得不告诉你们的是，比尔博士只是我们学校的一位老师化装的，而那个瓶子里装的物质只不过是蒸馏水。"

"可是我们闻到了气味了啊！"

教授告诉他们："这是因为你们刚才受到了'比尔博士'的暗示。

他暗示瓶子里装的是一种他正在研究的物质，气味很小，所以你们就相信了，并且似乎闻到了那种特殊物质的气味。"

看到这里，你或许会有疑问，生活中真的会有这样的事情发生吗？答案是肯定的。比如，你可能有过这样的经历：看到一个人"打哈欠"，你也会不由自主地跟着"打哈欠"；有人咳嗽，你的喉咙也会发痒；看见别人赛跑，自己也不知不觉地动起脚来。下面呈现的就是暗示的作用。

1. 如果你"认为"自己会败，你已败了。

2. 如果你"认为"自己不敢，你是不敢。

3. 如果你想赢却"认为"赢不了，几乎可以断定你与胜利无缘。

4. 如果你"认为"自己会输，你已输了。

5. 成功始于人之"意志"——一切决于"心念"之间。

生活中，很多人总是在想，不可能的，我学历那么低，怎么敢应聘那家公司；我长得不够漂亮，他怎么会喜欢我；我表达能力不好，怎么敢在会议上发言；我五音不全，怎么好意思在大家面前唱歌……

这就是自我设限的表现，也是消极的自我暗示，由于你的自我设限，导致体内无穷的潜能得不到充分的挖掘和发挥。自我设限和人性弱点一样，会让你流于平庸！

拿破仑·希尔曾经说过，一个人唯一的限制就是自己头脑中的那个限制。唯有自己才能挣脱自我设限。西方有句谚语说得好：上帝只拯救能够自救的人。也就是说，没有人可以限制你成功，除了你自己。如果你不想去突破，挣脱固有想法对你的限制，那么没有任何人可以帮助你。

其实，很多困难远远没有你想象的那样恐怖，更不是牢不可破的。只要你摒弃固有的想法，尝试着重新开始，你就能摆脱以前的忧虑和消极心理。所以，我们应当及时摆脱自身"心理高度"的限制，打开制约成功的"盖子"，给自己一些积极的警示，那么我们的发展空间和成功几率将会大大增加。

心理高度决定着我们的人生高度，一个人若想跳出人生的困局，有所作为，就要拨开心理阴霾，不能因为过去的挫败或眼前的困境而降低自己的人生标准，为自己的人生过早地盖上一个"盖子"。

　　心理上的自我暗示固然是个法宝，但这个法宝的巨大魔力，还需要通过长期运用，形成一种意识，才会充分地显示出来。具有自信主动意识的人必然会长期进行积极的自我暗示，而具有自卑被动意识的人总是告诉自己"我没有那么幸运"。可以说，经常进行积极暗示的人在每一个困难和问题面前看到的都是机会和希望；而经常进行消极暗示的人在每一个希望和机会面前看到的都是问题和困难。

积极的自我暗示能创造奇迹

　　暗示是一个奇妙的心理学现象，它每天都在不同程度地影响着我们的生活。积极的心理暗示能调动人的巨大潜能，使人变得乐观、自信。从现在开始，不妨每天花上几分钟时间，全身放松，对自己进行积极的自我心理暗示——"我能行""我是最棒的"……时间久了，"事实"就会朝着那个方向发展。

　　美国心理学家威廉斯说："无论什么见解、计划、目的，只要以强烈的信念和期待多次反复地进行思考，那它必然会置于潜意识中，成为积极行动的源泉。"

　　一个人想着成功，就可能成功，想的尽是失败，就会失败。自我暗示对人的心理作用很大，有时甚至会创造出奇迹。

　　苏联有一位出色的演员名叫 N. H. 华甫佐夫，平时总是口吃。但是当他演出时就能克服这个缺陷。他所用的办法就是利用积极的自我暗示，暗示自己在舞台上讲话和做动作的不是他，而是另一个人——剧中的角色，这个人是不口吃的。积极的自我暗示能够不经意地影响我们的心理和行为，增强我们的自信心，而事情也往往能向暗示的方向演化。

　　心理学专业的学生吉姆给自己找了一份兼职——照顾独居的威尔森太太，并帮她做一些家务。吉姆为人热忱，做事认真负责，深得老太太的信赖。

　　这天晚上，老太太敲响了吉姆的门："吉姆，我的安眠药吃完了，怎么也睡不着觉，不知道你身边有没有？"

　　吉姆睡眠很好，从来就不吃安眠药，突然他灵机一动，就对老太太说："上星期我朋友从法国回来，刚好送我一盒新出的特效安眠药，我这就找出来。您先回去，我一会儿给您送过去。"

老太太走后，吉姆找出一粒维生素片，然后送到了威尔森太太的房间，告诉她："这就是那种新出的特效药，您吃了之后一定能睡个好觉。"

老太太高兴地服下了那粒"特效安眠药"。

第二天吃早餐的时候，她对吉姆说："你的安眠药效果好极了，我昨晚吃完很快就睡着了，而且睡得很好，好久都没有这么舒服地睡觉了。那个安眠药你能不能再给我一些？"

吉姆只好继续让老太太服用维生素片，直到服完一整盒。事情过去一年多之后，老太太还时常念叨吉姆给她的"特效安眠药"。

吉姆用一粒维生素片就让老太太进入了梦乡，这其实就是心理暗示的作用，由于老太太平时对吉姆十分信赖，因此丝毫没有怀疑吉姆给她的"特效安眠药"，在强烈的心理暗示的影响下，产生了服用安眠药之后才有的效果。

你自信能够成功，成功的可能性就会大大增加。每当你相信"我能做到"时，自然就会想出"如何去做"的方法，并为之努力。无论是什么，我们都应该在实现目标之前进行积极的自我暗示，这样，我们就更容易成功了。

我们的大脑存有两股力量：一股力量使我们觉得自己天生就是做伟人的；另一股力量却时时提醒我们"你办不到！"这样一对矛盾的内部力量的斗争，在我们遇到困境与失败时，会变得更加激烈。我们做人最大的敌人是自疑和害怕失败。它们经常扯我们的后腿，不让我们去尝试，或在失败后给我们以打击；它们吸取我们的能量，使得我们只能使用真正能力的一小部分。

心理学家马尔兹说："我们的神经系统是很'蠢'的，你用肉眼看到一件喜悦的事，它会做出喜悦的反应；看到忧愁的事，它会做出忧愁的反应。"研究发现，积极的自我暗示能调动人的巨大潜能，使人变得自信、乐观。

心理学家说：你想要什么状态，就装出你已经有了那个状态。如果你累了，感到疲倦，你就告诉自己你不累，你的精力很充沛，状态很好。情绪也是一样。那么如何进行积极自我暗示呢？以下是培养积极自我暗示的几种方法：

1. 每天故意用充满希望的语调谈一件事，谈你的学习、你的健康、你的前途。存心对每件事采取乐观的说法。

2. 想着"我将要成功"而不是会失败。当你建立成功的信念后，你的才智会积极帮你寻找成功的方法。

3. 乐于接受各种创意。要丢弃"不可行""办不到""没有用""那很愚蠢"等思想渣滓。

4. 与自己亲近的人或好朋友谈谈心，请他们帮助你告别过去，让他们在你犯下老毛病时提醒你注意。

5. 不要说"我就是这样"，而说"我以前曾经是这样"。

6. 不要说"我也没办法"，而说"只要努力一下，我就可以改变自己"。

7. 不要说"我一直是这样"，而说"我一定要做出改变"。

8. 不要说"我天生就是这样"，而说"我曾认为自己生性如此"。

依靠积极的自我肯定，你认定自己是什么样的人，你就会成为什么样的人。自我暗示的力量之所以源源不绝，就因为那最锐利的武器——你比自己想象的更优秀。

美国历史上的麦克阿瑟将军曾经勉励我们："你有信仰，你就年轻；你若疑虑，你就衰老。你有自信，你就年轻；你若恐惧，你就衰老。你有希望，你就年轻；你若绝望，你就衰老。"

积极的自我暗示蕴藏着一股神奇的力量，每个人都可以尝试运用自我暗示的方法来改变自己的人生。可见，积极的自我暗示，会让我们更优秀。

 不要太在乎别人对你的看法

舆论是世界上最不值钱的商品，每个人都有一箩筐的看法，随时准备加之于人身上。不管别人怎么评价，都只是他们单方面的说法，有很多是没有经过认真思考的，事实上并不会对我们造成任何影响。说到评价，我们希望听到别人认真的评价，但不管别人怎么说，都不要太在意。随波逐流、闻风而动的人，恰是活在他人的价值标准里，终归会迷失自己。

一大清早，鹤就拿起针线，它要给自己的白裙子上绣一朵花，以显出自己的娇艳美丽，它绣得很专注。可是刚绣了几针，孔雀探过来问它："你绣的是什么花呀？""我绣的是桃花，这样能显出我的娇媚。"鹤羞涩地一笑。"干吗要绣桃花呢？桃花是易落的花，还是绣朵月月红吧。"鹤听了孔雀姐姐的话觉得有理，便把绣好的部分拆了改绣月月红。

正绣得入神时，只听锦鸡在耳边说道："鹤姐，月月红花瓣太少了，显得有些单调，我看还是绣朵大牡丹吧，牡丹是富贵花呀，显得雍容华贵！"

鹤觉得锦鸡说得对，便又把绣好的月月红拆了，重新开始绣起牡丹来。绣了一半，画眉飞过来，在头上惊叫道："鹤姐姐，你爱在水塘里栖息，应该绣荷花才是，为什么要去绣牡丹呢？这跟你的习性太不协调了，荷花是多么清淡素雅啊！"鹤听了，觉得也是，便把牡丹拆了改绣荷花……

鹤每当快绣好一朵花时，总有人提出不同的建议。它绣了拆，拆了绣，直到现在白裙子上还是没有绣上任何花朵。

故事中鹤的行为很可笑，但笑过后想想，我们自己是不是也经常这样：做事或处理问题没有自己的主见，或自己虽有考虑，但常屈从于他人的看法而改变自己的想法，人云亦云，随波逐流，一味讨好和迎合别人，而置原则于不顾。

所以做人千万不能像这只鹤一样，一定要有头脑，有自己的判断取向，不随人俯仰，不与世沉浮，这才是值得称道的情商品质。而随波逐流、闻风而动的人，恰是活在他人的价值标准里，终归会迷失自己。

有一位管理专家在谈到有关"成为一位领导者所必备的条件"时说过这样一段话："几乎每一个人都不断地告诉我们'应当保持普通而非卓越'。但是这种普通人是毫无发展潜力，做不出任何一件事情的。而领袖人物的定义即意味着在某一个群体中与众不同、才华突出的人。领导人物必须在某些方面有所突出才行。我们应当努力地，是要尽力地使自己显得跟其他人有所不同，而不是跟其他人一模一样。"

胜负取决于自己的内心。有时，周围的人对你说："你能胜过他。"可是你心里很清楚你不如那个人，也没想过要和他决一胜负。反过来，周围人说："你不如他。"没准你心里在想：我一定能赢他。所以，做事也好，做人也罢，我们都要有自己的主见，不要太在乎别人对自己的看法。

世间任何事情都没有绝对，所以只要你心中看得开就行了，何必在乎别人怎么看、怎么说呢？如果我们以别人的看法为指南，存有这种潜意识，生活就会苦多于乐。毕竟无法尽如人意的事情太多了，如果只是为了别人而活，痛苦难过的就只有自己。

杰克是一位年轻的画家。有一次他在画完一幅画后，拿到展厅去展出。为了能听取更多的意见，他特意在他的画旁放上一支笔。这样一来，每一位观赏者，如果认为此画有败笔之处，都可以直接用笔在上面圈点。

当天晚上，杰克兴冲冲地去取画，却发现整个画面都被涂满了记号，没有一处不被指责的。他对这次的尝试深感失望。他把遭遇告诉了一位朋友，朋友告诉他不妨换一种方式试试，于是，他临摹了同样一张画拿去展出。但是这一次，他要求每位观赏者将其最为欣赏的妙笔之处标上记号。

等到他再取回画时，结果发现画面也被涂遍了记号。一切曾被指责的地方，如今都换上了赞美的标记。"哦！"他不无感慨地说，"现在我终于发现了一个奥秘：无论做什么事情，不可能让所有的人都满意，因为，在一些人看来是丑恶的东西，在另一些人眼里或许是美好的。"

不要让众人的意见淹没了你的才能和个性。你只需听从自己内心的声音，做好自己就足够了。俗话说，自己的鞋子，自己知道穿在脚上的感受。我们无论做什么，一定要对自己有一个清楚的认识，不要轻易地被别人的见解所左右，这才是认识自己和事物本质的关键所在。

一味听信于人，便会丧失自己，便会做任何事都患得患失，诚惶诚恐。这种人一辈子也成不了大事。他们整天活在别人的阴影里，太在乎上司的态度，太在乎老板的眼神，太在乎周围人对自己的态度。这样的人生，还有什么意义可言呢？每个人都有自己的生活方式，我们不必为那一份没有得到的理解而遗憾叹惜。而那些高情商的人往往懂得坚持自我。以下是坚持自我的一些经验之谈：

1. 对别人的看法要平衡，别人并非是先知先觉，他和你我都是一样的平凡。

2. 只要认准了方向，就要勇往直前，不要顾及是否会引起别人的嫉恨。

3. 选择不喜好闲言碎语的人为友，这将有助于你不再为"别人怎么说、怎么想"而发生恐惧。

4. 在处理问题时，相信"别人"和你并无什么本质差异。

5. 多想想自己的积极品质。做人有两种可能：一种是像巴甫洛夫的狗，只听从外来的信息；另一种就是运用自己的脑子，选择能使自己变得更好的想法和做法。你做人是选择前者还是后者？

接受现实是成熟的标志

泰戈尔说：不要让我祈求免遭危难，而是让我能大胆地面对它们。生活中，我们会遇到许多不公平的经历，而且许多都是我们所无法逃避的，也是无所选择的。我们只能接受已经存在的事实并进行自我调整，抗拒不但可能毁了自己的生活，而且也会使自己精神崩溃。因此，人在无法改变不公和不幸的厄运时，要学会接受它、适应它。

世界上的很多东西都不是完整的，而这些很多的不完整也就促成了人间的烦恼甚至是悲剧。我们必须接受无法改变的现实。要想在自己有限的生命中做一点事情，首先就应该认识到人生有限、时光飞逝的现实，这样才是成熟的标志。

1. 事情既然如此，就不会另有他样。

2. 我们所有迟早要学到的东西，就是必须接受和适应那些不可避免的事实。

3. 快乐之道无他——我们的意志力所不及的事情，不要去忧虑。

托尔斯泰在他的散文名篇《我的忏悔》中讲了这样一个故事：一个男人被一只老虎追赶而掉下悬崖，庆幸的是在跌落过程中他抓住了一棵生长在悬崖边的小灌木。

他感谢上天没有让他这么死掉，但是此时还有很多的危险，他发现，头顶上那只老虎正虎视眈眈，低头一看，悬崖底下还有一只老虎，更糟的是，两只老鼠正忙着啃咬悬着他生命的小灌木的根须。

绝望中，他突然发现附近生长着一簇野草莓，伸手可及。于是，这人拽下草莓，塞进嘴里，自语道："多甜啊！"

虽然故事的主人公身处绝望之中，但他能勇敢地接受现实，并能找到短暂的快乐。生命进程中，当痛苦、绝望、不幸和危难向你逼近的时候，你是否还能享受一下野草莓的滋味？接受残酷的现实让你变得迅速成长，变得成熟。

英格兰的妇女运动名人格丽·富勒曾将一句话奉为真理，这句话是："我接受整个宇宙。"是的，你我也应该能接受不可避免的事实。即使我们不接受命运的安排，也不能改变事实分毫，我们唯一能改变的，只有自己。成功学大师卡耐基也说："有一次我拒不接受我遇到的一种不可改变的情况。我像个蠢蛋，不断作无谓的反抗，结果带来无眠的夜晚，我把自己整得很惨。终于，经过一年的自我折磨，我不得不接受我无法改变的事实。"

你可能没有显赫的家庭，没有名校的学历，没有出众的外貌……但这一切都没有关系，这是你的现实，是你不管怎样都无法重新设计的；但是你还有无限的空间和足够多的机会去改变这一切。如果你连现实都无法看清，又如何脚踏实地地改变这一切？

面对现实，并不等于束手接受所有的不幸。只要有任何可以挽救的机会，我们就应该奋斗！但是，当我们发现情势已不能挽回时，我们最好就不要再思前想后，拒绝面对，要接受不可避免的事实，唯有如此，才能在人生的道路上掌握好平衡。

已故的布什·塔金顿总是说："人生加诸我的任何事情，我都能接受，只除了一样，就是瞎眼。"然而，在他60多岁的时候，他的视力在减退，有一只眼睛几乎全瞎了，另一只离瞎也为期不远了。他唯一害怕的事情终于发生在他的身上。

当塔金顿终于完全失明之后，他说："我发现我能承受我视力的丧失，就像一个人能承受别的事情一样。要是我5种感官全丧失了，我知道我还能够继续生存在我的思想里，因为我们只有在思想里才能够看，只有在思想里才能够生活，不论我们是不是知道这一点。"

塔金顿为了恢复视力，在一年之内接受了12次手术，为他动手术的是当地的眼科医生。他有没有害怕呢？他知道这都是必要的，他知道他没有办法逃避，所以唯一能减轻他受苦的办法，就是爽爽快快地去接受它。

他拒绝在医院里用私人病房，而住进大病房里，和其他的病人在一起。他只尽力让自己去想他是多么的幸运。"多么好啊，"他说，"多么妙啊，现在科学的发展已经达到了这种技巧，能够为人的眼睛这么纤细的东西动手术了。"

这件事说明了一个道理："瞎眼并不令人难过，难过的是你不能忍受瞎眼。"是的，有些人一旦遇到困难，首先自暴自弃，不肯面对现实，其实如果我们用另一个角度去看的话，我们会发现接受它比逃避它让人更加成熟。

哥伦比亚大学已故的迪安·霍克斯告诉我，他曾经作过一首打油诗当作他的座右铭：

天下疾病多，数也数不了，

有的可以医，有的治不好。

如果还有医，就该把药找，

要是没法治，干脆就忘了。

荷兰阿姆斯特丹有一座 15 世纪的教堂遗迹，里面有这样一句让人过目不忘的题词："事必如此，别无选择。"命运中总是充满了不可捉摸的变数，如果它给我们带来了快乐，当然是很好的，我们也很容易接受。但事情往往并非如此，有时，它带给我们的会是可怕的灾难，这时如果我们不能学会接受它，反而让灾难主宰了我们的心灵，那生活就会永远地失去阳光。

日本的柔道大师教他们的学生"要像杨柳一样柔顺，不要像橡树一样挺拔"。

你知道汽车轮胎为什么能在路上跑那么久，能忍受那么多的颠簸吗？起初，制造轮胎的人想要制造一种轮胎，能够抗拒路上的颠簸，结果轮胎不久就被切成了碎条。然后他们又做出一种轮胎来，吸收路上所碰到的各种压力，这样的轮胎可以"接受一切"。在曲折的人生旅途上，如果我们也能够承受所有的挫折和颠簸，我们就能够活得更加长久，我们的人生之旅就会更加顺畅！

　　如果我们不吸收这些曲折，而是去反抗生命中所遇到的挫折的话，我们会碰到什么样的事实呢？答案非常简单，这样就会产生一连串内在的矛盾，我们就会忧虑、紧张、急躁而神经质。"对必然之事，且轻快地加以承受。"这几句话是在耶稣基督出生前 399 年说的。但是在这个充满忧虑的世界，今天的人比以往更需要这几句话："对必然之事，且轻快地加以承受。"

　　有些人追求完美，对不完美的事不肯面对，完美在很多时候都是做人做事的最高理想、最高境界，可等你真的向那个目标进发的时候，你会发现其实现实并不是你所想象的那样美好。"完美本身其实就是一种不完美"，因为过多地苛求自己不但会影响自己的发展，使得自己过于劳累，心灵过于疲惫，同时在追求的过程中也会让周围的人身体跟着同样地劳累，心灵同样地疲惫。完美主义是一种枷锁，扣在完美的身上作威作福。

　　不要奢望"鱼和熊掌兼得"的完美，有时候完美并不等同于美丽，却恰恰是缺憾的验证。让我们不能接受事实，也不能满足于现状，以至于减少了很多成功的机会。

开放式人生的 5 个关键词

开放，是一种心态、一种个性、一种气度、一种修养；是能正确地对待自己、他人、社会和周围的一切；是对自己的专业和周围的世界都怀有强烈的兴趣，喜欢钻研和探索；是热爱创新，不墨守成规、不故步自封、不固执僵化；是乐于和别人分享快乐，并能抚慰别人的痛苦与哀伤；是谦虚，承认自己的不足，并能乐观地接受他人的意见，而且非常喜欢和别人交流；是乐于承担责任和接受挑战；是具有极强的适应性，乐意接受新的思想和新的经验，能够迅速适应新的环境；是坚强的心胸，敢于面对任何的否定和挫折，不畏惧失败。

只有开放自己，才能容纳更多的东西，想要丰富自己，就要做一个开放的人，因为开放带给我们的不仅是知识，更重要的是人生，一个开放的人生，会让我们更加了解自己、超越自己。

有一条鱼在很小的时候被捕上了岸，渔人看它太小，而且很美丽，便把它当成礼物送给了女儿。小女孩非常喜欢它，于是把它放在一个鱼缸里养了起来，每天小鱼在游的时候，同时也带给小女孩快乐。

过了一段时间，鱼越长越大，在鱼缸里转身都困难了，女孩便给它换了更大的鱼缸，它又可以游来游去了。可是每次碰到鱼缸的内壁，它畅快的心情便会黯淡下来，它有些讨厌这种原地转圈的生活了，索性静静地悬浮在水中，不游也不动，甚至连食物也不怎么吃了。女孩看它很可怜，便把它放回了大海。

它在海中不停地游着，心中却一直快乐不起来。一天它遇见了另一条鱼，那条鱼问它："你看起来好像闷闷不乐啊！"它叹了口气说："啊，这个鱼缸太大了，我怎么也游不到它的边！"

其实，在现实生活中，我们是不是就像那条鱼呢？在鱼缸中待久了，心也变得像鱼缸一样小了，不敢有所突破。即使有一天，到了一个更为广阔的空间，已变得狭小的心反倒无所适从了。所以我们要给自己定位，开放自己。

没有人不渴望成功，但在这个科技高度发达、信息大量涌现、人才辈出的时代，成功似乎显得那么遥不可及。要想成为21世纪的成功人士，我们除了多学习专业知识、专心做好本行业的职务时，还要牢牢把握时代的特质——开放。开放的时代呼唤有开放意识的弄潮儿，开放的国度需要有开放精神的领导，开放的企业赢在有开放智慧的员工，开放的人生渴求有开放胸怀的灵魂。在这个处处开放的社会，唯有开放你的人生，才能做最好的自己。

通过研究可以发现，对于开放式的成功者来说，在思维意识、行为风格、个性素质、社会交际等各个人生层面上，一般都有着以下5大共同的非凡因素：

1. 心态开放

人生能否开放，关键不在于出身的高下，也不在乎能否出国留学或周游四方，而首先在于心态。"海纳百川，有容乃大"，心态对人生、理想、思维、个性、行为起导向作用。一个对成功怀有强烈欲望的人，在追求卓越的过程中，必须要心态开放。只有开放的心态才能使人持续进取，保持活力，才能不断吸取新知，才能和团队保持良好的互动。

2. 视野开阔

视野不远，我们会目光如豆；视野不广，我们会为盲点所困。眼界要高，视野要开阔，要求人生能够高瞻远瞩、目光超前，具备坐拥天下的大格局。在全球化时代背景下，我们要极力打破时空限制、专业限制、信息限制、个性限制，拥有国际视野，才能够更好地规划人生、把握机遇。

3. 富有胆略

开放式成功者需要具备冒险精神。人生的开放需要冒险，冒的是风险，靠的是胆略和胆识，强调的是善于从危机中抓住一切机会。莽者、狂徒都不缺乏勇气和胆量，但独缺雄韬伟略。

4．高效行动力

行动力是实现一切的保障，凡事只有行动才会有结果，一个高效的执行者不会等到万事俱备再动手。方向准确、目标专注、自强不息，这都是保障高效行动力的前提。

5．不断创新

创新力是一切奇迹的来源，也是人生开放的核心能力。大多数人安于现状，只能过着如白开水般的日子。我们需要有新思维、新想法、新策略、新技术、新行为，才能打破陈规，改变这迂腐陈旧的现状，带来人生突破性的发展。

不打开自己，一个人就不可能学会新东西，更不可能进步和成长。开放的胸怀，是学习的前提，是沟通的基础，是提升自我的起点。在一个组织里，最成功的人就是拥有开放胸怀的人，他们进步最快，人缘最好，也容易获得成功的机会。

开放的心自由自在，可以飞得又高又远；而封闭的心像一池死水，永远没有机会进步。如果你的心过于封闭，不能接纳别人的建议，就等于锁上一扇门，禁锢了你的心灵。要知道褊狭就像一把利刃，会切断许多机会及沟通的管道。

花草因为有土壤和养分才会茁壮成长、美丽绽放，人的心灵也必须不断接受新思想的洗礼和浇灌，否则智慧就会因为缺乏营养而枯萎死亡。

第六章

提升社交情商的 10 堂课

让别人喜欢你

我们每个人都生活在社会中，扮演着社会人的角色，人与人之间的交往要想进行得顺利，从表面上看，需要各种场合和条件具备，而从深层原因来看，是需要交往的双方能够找到共同点，拉近彼此的距离，扫除交往障碍，接下来的事情就会变得容易很多。简而言之，就是如果你想让自己成为一个可以影响别人的人，首先是要成为一个让别人喜欢的人，而这点往往会带来意想不到的效果。

有一位老谋深算的公司经理，计划利用现任职位上的客户资源开办一家新公司赚笔大钱。于是他找了两名以前的手下，共商创业的事。后来他发现若只有他们3个人，人数太少，将很难成功。于是他要他的手下另外再找7个人，以便组成10个人的创业团队。

他的手下顺利地找到了他们所需要的人手。这位经理却发现，他与这7个新伙伴根本就不认识，他们是否值得信任实在是一个大问题。

于是他想到了每晚分别与一个新伙伴共进晚餐的好办法。席间他除了交代各人所肩负的任务之外，还郑重地向他们表示"我也跟你们一样需要钱"！

结果，由于彼此有了共同的目标，这个计划最后终于成功了。

上例中，由于彼此有着共同的目标，因而迅速拉近了彼此之间的距离，最终实现了计划。其实很多事情都是如此，如果你与对方有共同的目标，则很容易就能增加彼此之间的亲密感。除了共同目标能够增强亲密感之外，还有其他一些增强亲密感的技巧。美国前总统林顿·约翰逊就有一套严格的交际准则，这些准则对他的成功发挥了重大作用。

这 10 项准则是：

1. 记住人的名字。如果你没做到这点，就意味着你对人不友好。

2. 平易近人，让别人跟你在一起觉得很愉快。

3. 要有大将风度，不为小事而烦恼。

4. 不要自高自大，做一个谦虚的人。

5. 培养广泛的兴趣和爱好，充实自己，使别人在与你的交往中得到一些有价值的东西。

6. 检查自己，去除所有不良习惯和令人讨厌的东西。

7. 不结冤仇，消除过去的或现在的与他人的冤情和隔阂。

8. 爱所有的人，真诚地去爱他们。

9. 当别人取得成绩的时候，去赞赏他们；当他人遇到挫折或不幸的时候，去同情他们，安慰他们，给他们以帮助。

10. 精神上给人以鼓励，你也会得到他们的支持。

其实不但林顿·约翰逊有着自己的交往准则，很多高智商的成功人士在人际交往过程中都有类似的技巧，通过对他们交往技巧的总结，我们知道，要想尽快成为别人喜欢的人，增加亲密感，增加成功的几率，我们可以试着练习以下一些交往技巧。

1. 与人初次相见，坐在他的旁边较易进入状态

相信每个人都有过这样的经验，那就是与人面对面谈话时，往往会特别紧张。因为人与人一旦面对面，眼睛的视线难免会碰在一起，容易造成彼此间的紧张感。

相反的，与人肩并肩谈话，在精神上绝对比面对面谈话要来得轻松。因此与人初次相见，坐在他的旁边往往较容易进入状态。这一点同样适用于与异性约会的时候。

2. 尽量制造与对方身体接触的机会，可以缩短彼此间心理的距离

事实上，每个人都拥有一个无形的"自我保护圈"。通常除非是非常亲密的人，否则不容易侵入这个范围。但反过来说，若对方已经侵入了这个圈内，则往往就会产生对方是自己亲密者的错觉。

人与人之间有了直接的接触，彼此间的距离会一下子缩短了许多。

因此，若想在短时间内缩短与刚认识者间的距离，最简单的方法就是尽可能地制造与对方身体接触的机会。

3. 若与对方有共同点，就算再细微的也要强调

"你家住哪儿……喔，那个地方我以前常去，附近是不是有一家卖香烟的杂货店？"像这样，为了缩短与对方之间的距离，只要是可以拉近彼此距离的话题，就算再细微的也要强调。

人与人之间一旦有了共同点，就可以很快地消除彼此间的陌生感，产生亲近的感觉。这样不但可以使对方感到轻松，同时也具有使对方说出真心话的作用。

事实上，我们每个人都具有这样相同的心理。例如两个陌生人一旦发现彼此竟然曾就读于同一所小学，顷刻间就会产生"自己人"的感觉，立刻会打成一片。找一些共同点强调一下，往往会收到意想不到的效果。

4. 常用"我们"这两个字可以拉近彼此间的距离

有位心理专家曾经做过一项有趣的实验。他让同一个人分别扮演专制型、放任型与民主型3种不同角色的领导者，而后调查其他人对这3类领导者的观感。结果发现，采用民主方式的领导者，他们的团结意识最为强烈。而研究结果又指出，这些人当中使用"我们"这个名词的次数也最多。

事实上，我们在听演讲时，对方说"我认为……"带给我们的感受，将远不如他采用"我们……"的说法，因为采用"我们"这种说法，可以让人产生团结意识。

5. 每次见面都找一个对方的优点赞美，是拉近彼此间距离的好方法

有一家商店生意非常兴隆，原因就在于他们店里的每一位店员，都不断地与购物的人聊天。他们除了会向客人打招呼之外，还不断地找客人的优点来夸赞。例如，他们会向一位太太表示"您这件衣服很漂亮"，然后向另一位太太表示"您的发型很好看"！他们虽然不断地赞美别人，却是按每一位客人不同的个性，选择适当的赞美词。

因此很自然地，这些客人在潜意识中就会产生到这家商店购物可以受到赞美的心理，因而越来越喜欢到这家商店。

如果我们每次见面都被人夸赞，自然而然地会想再见到这位赞美我们的人，这是任何人都会有的心理。因此每次见面都找出对方的一个优点来赞美，可以很快地拉近彼此间的距离。

6. 闲聊自己曾经失败的事比谈自己成功的事更易拉近彼此间的距离

人们在一起的时候，常会聊一些话题来拉近彼此间的距离。此时若谈自己曾经失败过的事，会比谈自己成功的事更容易拉近彼此间的距离。因为老是炫耀自己成功的光荣事情，容易让人产生反感，而留下不好的印象。

7. 将与自己关系密切的人名写在电话记事簿的首页，会让他欣喜万分

当你到一位交往很久的同事家做客，你们尽兴地谈完准备回家的时候，他对你说："这些文件待会儿再送到您家。"说完他顺手打开电话记事簿，准备确认你的电话号码与住址。突然间你发现，你的名字竟然被写在第一位，老实说，你当时一定非常高兴！

每个人对"自己"都非常敏感，因此一旦发现自己受到与众不同的待遇时，不是感到非常兴奋就是感到非常愤怒！

如果将与自己关系密切的人名写在备忘录的首页，往往可以让对方感到高兴，而收到意想不到的效果。

如果我们能够像高智商的人那样，掌握一些基本的交往技巧，我们也会成为让别人喜欢的人，这无疑会增加我们成功的几率。

吸引力法则

我们每个人都是一个活磁铁，我们生命中的财富、成功、幸福、健康都是我们吸引而来的，同样，一个人之所以失败、贫穷，也是因为他内心吸引的结果。这就是说：你想要什么，你便会得到什么。这便是吸引力法则。

把吸引力法则运用到生活当中就相当于，在日常生活中，你最关注的事物往往最有可能出现在你的生活中。仔细想想，这个法则似乎不合常理——我们每一个人都希望自己拥有健康、富裕的幸福生活，但是事实上并非如此。

那么，我们是不是就可以说，吸引力法则失效了。绝非如此，我们可以从很多梦想成真的人身上发现，如果我们真的专注于某事，那它发生的概率一定会大大提高。很多人之所以没有过上他们"希望"的美好生活，主要是因为他们通常并没有专注于拥有这些事物——而是专注在他们没有这些事物上。

有一个很有钱的商人，他精明能干，生意越做越大，拥有世上最大的店铺。尽管富甲一方，他却一直有一个苦恼，那就是他没有办法让自己的儿子快乐起来。看着儿子整天愁眉不展的样子，他十分心疼，于是不惜重金寻找让儿子快乐的办法。商人的奴仆建议他让儿子去很远的地方寻找一位全世界最有智慧的人，或许能学到快乐的秘密。

商人同意了，他给儿子准备好行囊后，就让这个一直被苦闷折磨的少年出发了。少年穿越沙漠，跋涉了四十天，终于来到一座盖在山顶上的美丽城堡。那是智者住的地方。

和很多人猜想的一样，这位少年也以为自己将见到一个超凡脱俗、仙风道骨的修道高人，可当他踏进城堡的大厅时，发现里面闹哄哄的，人们进进出出，还有人坐在角落里聊天。智者正在和周围的人闲谈，似乎没有时间搭理这位少年。

少年想了一下，默默地站在角落里，耐心等待。两个小时后，智者终于走到他面前。"我不快乐，而且也觉得没有什么事情值得我快乐。"少年低声说。

"哦，是这样。可是我现在没有时间给你解释快乐的秘密，你还是在我这里四处逛逛，两个小时后我们再谈吧。"智者对少年说，"在这段时间里，我要让你做一件事情。"智者说着，给了少年一个汤匙，上面放上了两滴油。"当你出去逛的时候，一定要注意不要让油流出来。"

"嗯。"少年答应了，他走出了大厅，围着城堡的四周绕了一圈。虽然周围的风景不错，但少年的眼睛丝毫不敢离开那两滴油。两个小时以后，他回大厅找到了智者，将那个汤匙完璧归赵。

"很好。现在我来问你，你出去逛的时候，看见餐厅上挂着的那幅壁画了吗？你有没有很细心地看我的精心布置的花园？有没有注意到图书馆里有一张漂亮的羊皮纸？"

"没有，你让我注意汤匙里的油，所以我什么也没看到。"少年低沉地回答。

"那你再回去欣赏一下这座城堡吧。"智者说，"你应该多了解这房子的布局，才能更相信他的主人。"

听智者这么一说，少年放松了心情，开始认真地探索这座城堡。他仔细看了天花板，欣赏了壁画，也看过了花园。他发现，这里真是一个不错的地方。等到再回到智者的身边时，他将自己所看到的一切都绘声绘色地描述了出来，话语间充满了羡慕和钦佩之情。

"很好。这就是你想知道的快乐的秘诀。"智者说，"当你把焦点放在汤匙里的油时，你就看不到周围美好的事物。可是，当你把心灵的焦点放在周围的景物的时候，你就会发现很多美好的事物。快乐也是如此，当你关注一些能够让你高兴的事情时，你就不会觉得难过，相反的，你就会一直苦闷下去。"

少年平时感到不快乐，就是因为他把注意力放在了让他感到有负担的事情上面——汤匙中的两滴油，按照吸引力法则来说，他关注的重点是"不快乐"，自然就会有越来越多的"不快乐"聚集在他的身边。

这从另外一个角度阐释了吸引力法则的正确性——"关注什么便吸引什么"。如果你能十分专注于自己如何获得健康，如何获得财富，如何快乐地生活，那么你的生活将会充满希望。

如果你渴望获得什么，那么请你首先想象一下获得它之后的感受，这是你吸引他们的唯一途径。然后，你要让自己相信，你一定能拥有这一切，你也值得拥有这一切。最后，你要时刻专注于上述积极的想法和感受。

福特有一句名言："你认为你行或者不行，你都是对的。"思想决定现实，一个人想什么，他就会做什么，最后他就会得到什么。"吸引力法则"强调个人的主观能动性，特别是强调人的思想和信念对事件结果拥有决定性的影响。它告诉我们要牢记"心在哪里，宝藏就在哪里"。

一个充分相信自我价值的人，其本身所说的话语是多么响亮而坚强有力，以至于人们在你所说的每一句话里都无意识地感觉到："一个人的天赋将为他自己创造发展的空间，并把他带到伟人的面前。"持有自己的坚定信念，那么你会找到你的天赋，然后你的天赋会极大地提升你，并把成功的桂冠戴在你的头上。

不可能通常会变成可能，因为一些人敢于相信它是可能的。过去的伟大发明都是那些比他人更有信心的人开创出来的。他们的信念强烈地刺激着他们的行动、学习、思想和努力。当信念通过工作而得到支持时，它就会带来可观的成果。这便是亘古不变的宇宙法则。

微笑，心灵的召唤

情商是人们控制情绪能力的一个重要指标，对于一个高情商的人来说，他不是一个整天愁苦满面、不会微笑的人，相反，他会是一个不论遇到什么事情都能笑对生活的人。

加利福尼亚大学心理学教授詹姆斯说，微笑永远有魅力。这是有科学依据的：当你在微笑时，你的精神状态最为轻松，全身的肌肉处于松弛状态，而且，你的心理状态也就相对稳定，当你那充满笑意的眼光与别人的目光相遇时，你的笑意会通过这道"无形的眼桥"传递给他，他会被你的快乐情绪所感染。自然而然地，你们之间的气氛会变得和谐。你们相处得融洽，交流起来也容易多了。反过来如果你老是皱着眉头，挂着一副苦瓜脸，那没有人会欢迎你的：想获得交往的乐趣，首先必须使对方和自己快乐才行。

但我们往往不见得能明白微笑的可贵含义，在纽约的一个高级宴会上，一位刚获得遗产的妇女急于给每一个人留下良好的印象，于是在黑貂皮大衣、钻石和珍珠上面浪费了好多金钱。但是她对自己的表情没下什么功夫，表情冷漠尖酸、自私，使那些与会的客人感觉十分不舒服，因此纷纷提早离场，而她还不知道这是怎么回事。

微笑作为一种表情，它不仅是形象的外在表现，而且往往反映着人的内在精神状态。一个奋发进取、乐观向上的人，一个对本职工作充满热情的人，总是微笑着走向生活、走向社会的。在交际中，微笑的魅力是无穷的。它就像巨大的磁铁吸片一样，吸引着你周围的人们，甚至会因此改变你的生活。

纽约股票场外经纪人瓦利安·史达哈德就有一段"微笑改变生活"的经历：

"我结婚已 18 年了，在家中，我应该算得上是世界上最难伺候的丈夫了吧，因为我从没有对妻子展露过笑容。为了完成关于笑的试验，我决定试着笑一个礼拜看看。就在隔天的早上，我边整理头发，边对镜中板着脸孔的自己说：'比尔，今天收起不愉快的表情，赶快笑一下吧！'早餐的时候，我就一边对太太说早安，一边对她微微一笑。

我太太非常吃惊。事实上，不但如此，她简直是深受震撼。从此我每天都那样做。到目前为止，已经持续了两个月。

态度改变以来的这两个月，前所未有的那种幸福感，使我们的家庭生活十分愉快。

现在，每天走入电梯我会对服务生微笑道早安，对守卫先生也以微笑招呼，在地铁窗口找零钱也是这么做的。即使在交易所，对那些没看过我笑脸的人，也都报以微笑。

不久我发现，大家也都还我一笑，而对于那些有所不满、烦忧的人，我也以愉快的态度与其相处。在带着微笑倾听他们的牢骚后，问题的解决也变得容易多了。而且笑容也能使人增加很多财富。

我也不再责备人，相反地懂得去褒扬别人；绝口不提自己所要的，而时时站在别人的立场体贴人。正因为如此，生活上也整个发生了变化。现在的我和以前的我完全不同，是一个收入增加、交友顺利的人了。我想，作为一个人，没有比这更幸福的了。"

由此可见，微笑的力量是巨大的。孩子们天真的微笑使我们想起了天使；父母的微笑让我们感到温情；祖父的微笑让我们感到慈爱。拿一个不恰当的例子来说，小狗见到主人时，那副欣喜若狂的样子就让人觉得小狗是最忠实的伙伴了。

有一则圣诞节的广告，说微笑在圣诞节的价值是：

它不花什么，但创造了很多成果。

它使接受它的人满足，而又不会使给予它的人贫乏。

它在一刹那间发生，却会给人永远的记忆。

没有人富得不需要它，也没有人穷得不拥有它。

它为家庭创造了快乐，在商业界建立了好感，并使朋友间感到了亲切。

它使疲劳者得到休息，使沮丧者看到光明，给悲伤的人带来希望。

但它无处可买，无处可求，无处可偷，因为在你给予别人之前，它没有实用价值。

确实如广告所说，微笑为我们创造了快乐，而给予别人微笑的人会因此得到别人的欢迎和认可。

奇宾·当斯是底特律地区最受欢迎的节目主持人之一，他的受欢迎几乎遍及整个美国。有的听众写信给这位主持人，说他们已经听到了他的声音及他主持的节目，并且告诉当斯说，他们透过他的声音看到了他的微笑。

观众经常说："当斯，你的微笑跟我听你的广播时所想象的完全一样。我本来害怕会失去你的微笑，但是并没有。"

有人问当斯总是那么高兴的原因，他说他的秘诀是从来不把烦恼摆在脸上，而是深藏在心中。因为，他的工作是娱乐别人，他说："为别人创造一个愉快的生活，这要从微笑开始，但必须是出自内心的微笑。"

就这样，当斯用微笑走进了千万人的心灵深处。

可见，微笑不仅仅是一个简单的面部表情，它还是一种积极的生活态度。在平凡的生活中，一抹笑就是一道阳光，它不仅能够照亮自我阴暗的心空，还能照亮我们前行的道路，并给周围的人以希望和信心。

从这个意义来说，无论我们周围的世界多么令人痛苦不堪，无论我们心灵的天空如何阴霾密布，我们都应当微笑。如果我们一开始不善于微笑，那么我们就要学着微笑。

按照已故的哈佛大学教授威廉·詹姆斯的说法，"行动似乎是跟随在感觉后面，但实际上行动和感觉几乎是平行的。而控制行动就能控制感觉。"因此，如果我们不愉快的话，要使自己愉快起来的积极方式就是：使自己微笑，慢慢地，我们就会真的开心起来。

气质的光环效应

在现实生活中，我们都有这样的经验：有的人相貌平平，但这个人让你感到他很有魅力，可以亲近；而有的人虽然衣冠楚楚，相貌堂堂，但给人的感觉是不可亲近，缺乏令人欣赏的特征。这到底是怎么回事呢？这种情景不禁让人想到我们常挂在嘴边的一个词——气质。

按照心理学的说法，气质是一个人在他的心理活动和外部活动中所表现的某些关乎强度、灵活性、稳定性和敏捷性等方面的心理特征的综合。与容貌不同，人的气质所带来的人格魅力，是与日俱增的。

的确，由气质产生的美感，是不受服装打扮和年龄制约的，它总是随时随地地自然流露。气质好的人身上，往往散发出一种特有的"精气神"，使人不由自主地喜欢他们，愿意接近并与之交往，这种人办事的成功率往往比较高。

气质美不仅体现了人的精气神，甚至一举手，一投足，说话的表情，待人接物的分寸，工作的态度等皆属此列。

有很多人工作认真、执着，言行聪慧、洒脱，办事精明、干练，他们身上洋溢着夺目的气质美，人们往往认为这样的人容易取得合作伙伴的竭诚支持。所以，许多大公司经常委派这样的人负责公关部的接待工作，用以树立公司的形象，赢得客户的信赖与合作。拥有这种气质类型的推销员，其工作业绩往往比较突出。因为这种气质给人的感觉是诚恳、实在，不虚妄，容易让人产生信任感。

戴尔一向很注重气质的培养。他清楚地认识到，商业社会中，一般人是根据一个人的精气神来判断对方的实力。在他背负着不少债务的时候，他也都是充满着斗志的感觉。他看上了出版行业的商机，因此，他决定与某位出版商多接触，以获得机会。

每天早上，戴尔都会身穿一套整洁的衣服，在同一条时间、同一个街道同某位富裕的出版商"邂逅"。戴尔每天都和他打招呼，并偶尔聊上一两分钟。

这种例行性会面大约进行了一星期之后，出版商开始主动与戴尔搭话："你精神这么好，气质不俗，看来混得相当不错。"

接着出版商便想知道戴尔从事哪种行业。因为戴尔身上所表现出来的这种极有成就的气质，再加上每天都把自己收拾得清清爽爽的，已引起了出版商极大的好奇心，这正是戴尔盼望发生的情况。

戴尔于是很轻松地告诉出版商："我正在筹备一份新杂志，打算近期内争取出版。"出版商说："我是从事杂志印刷及发行的。也许，我可以帮你的忙。"这正是戴尔所期待的。

出版商邀请戴尔到他的俱乐部，和他共进午餐，在咖啡和香烟尚未送上桌前，已"说服"了戴尔答应和他签合约，由他负责印刷及发行戴尔的杂志。戴尔甚至"答应"允许他提供资金并不收取任何利息。

就这样，戴尔的气质为戴尔换来了办杂志所需要的3万美元资金。

可见，气宇轩昂不仅是人们精气神和素养的表现，有时候还可以因此得到别人更多的信任，为自己带来更多的机会，相反，当我们看到一个人低着头、垂着手、驼着背走路，那我们就会怀疑此人遇到了难以解决的问题，承受着太多的思想重负。这种状态的人，人们往往认为他办事能力不强，即使一些他本来能胜任的工作，别人也不敢轻易交给他去做，在不知不觉中，他们会因此失去了很多成功的机会。

因此，要想避免自己出现这种状况，就要在走路时，昂起头，挺起胸，脚步稳健；工作中，有条不紊，忙而不慌，接到邀请后回答"你稍等一会儿，让我查查日程安排"，这样就能给人以精明、干练、充满活力的感觉，从而为自己赢得更多的信任和支持。

另外，为了修炼气质，还可以从以下几个方面着手：

1. 培养对生活的积极态度。

一个正直善良的人往往带着浩然之气；一个对生活自信心强的人，

总是精神振奋，给人以生气勃勃的感觉；一个在逆境面前努力奋斗的人，会给人以自强不息的感觉，使人敬佩之情油然而生。

2. 培养高雅的兴趣

高雅的兴趣可以增加气质美，如爱好文学并有一定表达能力，欣赏音乐且有较好的乐感，喜欢美术并有基本的色彩感等。这样的人很受别人欣赏，与之交往的人也较多。

3. 培养阅读的习惯

阅读了大量书籍的人，往往思想睿智，不会纠结于一些琐碎的事情上面，往往会给人以超凡脱俗的感觉。

个性的魅力

个性是体现一个人人格魅力的重要方面，它对人在交往活动中确实会产生一定的影响。如果一个人外表漂亮，却丧失了自我，只会人云亦云、随波逐流，丝毫没有自己的个性，在与这样的人交往时，可能一开始我们会被他们的外貌迷惑，但时间久了，我们可能就会失去进一步了解他们的兴趣；而一个充满个性魅力的人往往就像陈年的老酒，越品越香，使人们越来越愿意与其交往。一个人的外貌、才华固然在社会交往中有一定优势，但一个人的个性品质往往在社会交往中更显出其独特的魅力。

但是，并不是所有的人都愿意展示自己的个性魅力，人们往往会因为自卑或其他原因不敢展示自己的个性，久而久之，不但没有使自己发展出有魅力的个性，反而还可能丧失自己原有的性格，让人十分可惜。

其实人生的舞台像一座花团锦簇的花园，既有富贵的牡丹，也有娇艳的玫瑰，鸢尾在墙角静静绽放，郁金香诉说着热烈的爱。在这娇艳芬芳的世界里，一盆长满刺的仙人球也有自己独特的魅力。

所以，千万不要随波逐流地放弃你的个性，它的魅力是你汇聚力量的重要法宝。不要被世俗的审美和偏见所束缚，只有没有力量保护自己个性的人才会在尖锐的批判或者无端的蔑视中割舍自己的个性。那些可怜的人，自以为由此得到了大众的认可，却不知道失去棱角的自己已经沦为了他人观点的奴隶。

失去自我、个性，这是多么惨痛且难以弥补的损失！

有一个美丽的果园，里面种着苹果树、橘子树、梨树、橡树，浪漫的园丁甚至在围墙边种上了玫瑰花。这里真是一个幸福的天堂，每一个鲜活的生命都是那么生机盎然，它们相依相伴，每天都尽情地享受着大自然的清新、生活的无穷乐趣，满足地生活在这一方小小的天地之中。

可是，在这之前的一段时间里，果园里的情形并非如此，有一棵小橡树终日愁容满面。可怜的小家伙一直被一个问题困扰着，它不知道自己是谁。大家众说纷纭，更加让它困惑不已。

苹果树认为它不够专心："如果你真的尽力了，一定会结出美丽的苹果。"

玫瑰说："别听它的，开出玫瑰花来才更容易，你看我多漂亮。"

失望的小橡树越想和别人一样，就越觉得自己失败。

一天，一只百灵鸟飞进了果园里，他看到小橡树在一旁闷闷不乐，便上前打听。听完小橡树的倾诉，它说："世界上许多人面临着同样的问题，让我来告诉你怎么办吧！不要再把生命浪费在去变成别人希望你成为的样子，你就是你自己，你永远无法变成别人，更没有必要变成别人的样子，你要试着了解你自己，做你自己。所以，从现在开始，你要聆听自己内心的声音，发展自己的个性。"说完，百灵鸟就飞走了，留下了小橡树独自思考。

它思来想去，也没有得到答案。清晨，当第一缕阳光照射到它的身上，一滴露水从树梢的一片叶子上滴落，落在小橡树脚下的石板路上，发出了清脆的声音。刹那间，它茅塞顿开，听到了内心的声音："你永远都结不出苹果，因为你不是苹果树；你也不会每年春天都开花，因为你不是玫瑰。你是一棵橡树，你的命运就是要长得高大挺拔，给鸟儿们栖息，给游人们遮阴，创造美丽的环境。你有你的使命，去完成它吧！"

小橡树终于快乐了起来，很快它成长为一棵参天大树，为园中的幼苗遮蔽着风雨，成为林中鸟儿的天堂，也赢得了大家的认可和尊重。

我们可能都曾经像这棵小橡树那样迷茫过，但是纵观那些成功的人士，他们往往并不是说有多高的智商或者多好的机会，而是找到了自己真实的个性，并把它发挥到了极致。如果我们愿意正视我们的个性，我们也不用羡慕他人，因为我们也可以像他们那样，成为一个充满个性魅力的人。因为每个人都是独立的、别具特色的那一个。就如特赖因一直信仰的那段话一样：真我高于一切，无论白天还是黑夜，我就是我，无论面对任何人，我就是我。

但是我们必须明白一点，在我们发展自己个性的时候，我们要摒弃那些让人厌恶的个性，发展出让别人喜欢的个性。从这个意义来说，让人感觉舒服的成功人士往往是那些不但拥有个性，而且拥有良好个性的人。

诺尔曼·安德森（1968 年）曾进行了一次研究，他共列出 555 个描写人个性的形容词，让被试指者出他们在多大程度上喜欢一个有这些特点的人。研究结果表明：被试者评价最高的品质是真诚和真实，而评价最低的是说谎和虚伪。在这两个极端之间，包含着很多良好的个性，如热情、忠诚、慷慨、有教养、体贴，等等。

人格优秀、个性良好的人，不仅到处受人欢迎，而且到处能得到别人的扶助。也许他们没有雄厚的资产，但其在事业上成功的机会，较之那些虽有资产却缺乏良好个性吸引力的人要大得多。

因此，不管遭遇怎样的环境，我们都应时时不忘发展自己的良好个性，毕竟人生中最大的事不是赚钱，而是要把我们内在的最高力量、最美善的天性充分地发挥出来。这样，我们就能像磁铁一样，成为有吸引力与受人欢迎的人，从而吸引你所愿意吸引的任何人到你的身旁，赢得友谊、关爱和帮助，为自己的成功做好铺垫，从另一个方面来讲，这也是一种成功。

"首因"和"近因"效应

人们常说："不要以书的封面来判断其内容。"但是，全世界的人都是首先以书的封面来判断其内容，包括你和我，我们不可能读完一本书后再决定是否去买它。人际间的第一印象也是如此，往往几分钟就会形成偏见。

第一印象是影响力中非常重要的一环，因为它是在对其人一无所知的情况下获得的，故嵌入大脑的程度较深，并且它对今后输入的关于此人的信息，将产生不可忽视的作用。别人会根据我们的"封面"来判断我们所包含的内容；我们也通过观察别人的外表，包括长相、身材、肤色、发质、服装、言语、声调、动作等来判断他们。

在心理学上，第一印象被称为"首因效应"，它往往是决定人们是否能继续交往的关键。心理学家卢钦斯通过研究发现，在人际交往中，首因效应对人的评价起着重要作用。因此，在人际交往中，若要吸引他人、赢得友谊，就应该给人留下良好的第一印象。

第一印象只有一次，无法重来。不可能因身体不适、情绪欠佳而宣布改期。所以，有人打趣地说：第一印象犹如童贞，一旦失去，便永不再来。而糟糕的第一印象往往会让千辛万苦的努力化为乌有。

威廉·罗克森在加拿大某移民律师行工作。1998 年，被委派到美国寻找合作伙伴。经人介绍，他与某部下属的迈克首次相会。威廉·罗克森被引进迈克的办公室，他看见一个中年男人坐在办公桌后正在打电话。他穿着灰棕色的格子西服，一条漂亮的领带露在他 V 形口的毛衣外面，鼻子里的黑毛像茂盛的亚热带草丛，毫无顾忌地伸出鼻孔，他张口讲话时，一口黑黄的牙齿暴露无遗。电话中，他大声地训斥着对方，然后，毫不客气地猛然摔下电话。

"噢！上帝啊，这就是公司的老总？"威廉·罗克森心中不免非常失望。迈克与威廉·罗克森象征性地握了握手——冷酷的、拒人千里之外的死鱼式的握手，威廉·罗克森心中的失望又增加了一分。迈克邀请威廉·罗克森共进午餐，在座的还有威廉·罗克森的那位身材略胖的同事以及迈克的两位副手。就餐时话题无意间进入饮食与肥胖的关系，迈克旁若无人地指责胖人没有节制地饮食。威廉·罗克森的胖同事低头不语，敏感的威廉·罗克森举杯转移话题："好酒，中国的红酒比加拿大的冰酒还有味道。"迈克喝完酒，再度拾起肥胖的话题，强烈地攻击胖人之所以胖是由于懒惰。

最终，他们之间没有结成商业同盟。威廉·罗克森谈到这段经历时说："他留给我一个永不磨灭的可怕的恶劣印象。从我一进门的瞬间，他那张冷酷不带微笑的脸和那双死鱼般的手，无不在告诉我这是一个冷酷的、没有修养的人。在餐桌上的表现，更进一步证明了我对他的第一印象。他不但没有修养，简直是没有教养，不懂得一点点为人的基本礼貌。我无法想象与这种人合作经营会有什么样的后果！我更无法理解他为什么可以坐在公司老总的位置上？他早就应该在大浪淘沙中被时代淘汰。"

第一印象对于每个人都很重要，尤其对于一个有影响力的人来说更为重要。案例中的迈克给他人留下的印象太差，导致他丢失了一次商业合作。这只是个小小的缩影，如果是一个有影响力的人，那后果更会不堪设想。那么，在人际交往中，仅仅注意第一印象就够了吗？答案是否定的。

苏珊和玛丽是大学同学，也是多年的好朋友，苏珊比玛丽大，平时就像姐姐一样关心玛丽。玛丽从心底里感激苏珊，把苏珊当作知心朋友。苏珊如有什么事，她也总是极力维护苏珊。大家都知道她们关系非常密切。可是最近，苏珊和玛丽闹翻了。

"我把她当姐姐一样尊重，她却这样对待我。"玛丽生气地对别人说。

"唉，我对她一直都很关照，却因为最近得罪了她一次，她居然就不理我了。"苏珊很伤心。

玛丽因为苏珊最近一次"得罪"了她，便中断了以往与苏珊的友情。

在上面的例子中，苏珊和玛丽两人平常接触颇多，彼此间却都将对方最后一次印象作为互相认识与评价的依据，因为最近发生的事而掩盖了对对方之前的印象。由此我们不难看出，在人际交往中，最近、最后的印象，往往是最强烈的，可以冲淡在此之前产生的各种因素。这就涉及了心理学上另外一个重要概念——近因效应。与首因效应一样，近因效应也是由卢钦斯于 1957 年最先提出的，并在一系列实验中得到证实。

近因即最近或最后的印象，近因效应是指最近或最后的印象对人的认知具有强烈的作用和影响。在某些时候，决定人们对认知客体特性做出解释的是最后形成的印象。

当首因和近因相矛盾时，是首因效应唱主角，还是近因效应更胜一筹呢？心理学家对此进行过专门的研究，结果表明，当两种矛盾的信息连续出现时，首因效应突出；而当两种信息间断出现时，近因效应更明显。在与陌生人交往时，首因效应影响较大；而在与熟人交往时，近因效应会有较大影响。

由此可见，在人际交往中，不仅存在首因效应，也存在近因效应。我们在看待和对待他人时，要避免"首因效应"和"近因效应"的偏激之处。在与人交往时，应该全面了解他人的情况，避免以片面的印象取舍、下结论，所谓"路遥知马力，日久见人心"，判断一个人应该注意从长期来考察。我们自己在别人面前的表现则要注意始终如一，不能凭着过去或者近期的表现就有所懈怠。

赞美的影响力

赞美是人际交往中的最好的润滑剂——赞美是对别人长处的承认和赞扬，它不同于奉承，不是虚伪，赞美往往是既激励别人又有益于自己的事情。从心理学的角度来讲，渴望赞美和欣赏也是大多数人的心理要求，只有被肯定，人才会觉得自己生存得有价值。

幽默作家马克·吐温说：一句赞美可以支撑我活两个月。美国前总统罗斯福有一种本领，对任何人都能给予恰当的赞誉。

林肯也是善于使用赞誉的高手。韦伯这样评价林肯："拣出一件使人足以自矜并引起兴趣的事情，再说一些真诚又能满足他自矜和兴趣的话，这是林肯日常必有的作为。"

林肯曾说："一滴蜜比一加仑胆汁能捕到更多的苍蝇。"

人类最渴望的就是精神上的满足——被了解、被肯定和赏识。对我们来说，赞美就如同温暖的阳光，缺少阳光，花朵就无法开放。

赞扬别人是给予的过程。许多人总是记得，在沮丧、绝望、萎靡不振时，别人的赞赏曾经给予他们多么大的快乐，多大的帮助。不管是多么冷漠的人，对于赞扬和认可也很少设防，往往一句简单又看似无心的赞扬，一个认可的表情就是良好关系的开端，人与人的距离由此拉近。

正如前面所说，许多成功的人士都有赞美别人的良好习惯，他们不像普通人那样，总是纠结于别人不好的地方，而是把目光放在别人的长处上面，并对之大加赞美，这种赞美有时候竟然会改变另外一个人的一生。

大音乐家勃拉姆斯出生于汉堡。他家境贫寒，少年时便为生活所迫混迹于酒吧里。他酷爱音乐，却由于是一个农民的儿子，无法得到教育的机会，所以，对自己的未来他毫无信心。然而，在他第一次敲开舒曼家大门的时候，根本没有想到，他一生的命运就在这一刻决定了。

当他取出他最早创作的一首 C 大调钢琴奏鸣曲草稿，弹完后站起来时，舒曼热情地张开双臂抱住了他，兴奋地喊道："天才啊！年轻人，天才！……"这出自内心的由衷赞美，使勃拉姆斯的自卑消失得无影无踪。从此，他便如同换了一个人，不断地把他心底的才智和激情宣泄到五线谱上，成为音乐史上一位卓越的艺术家。

在与别人交往的过程中，我们都要学会主动去赞美人，赞美是免费的。尽管是免费的，但是它又是最好的货币，价值无限，因为不管是赞美者还是被赞美者都可以从它身上得到很多。

赞美不仅会提升被赞美者的自信心，增加他们生活的勇气，还可以使赞美者受益。在人际交往中，约翰·洛克菲勒就善于真诚地赞美他人，以此来维系良好的人际关系，使对方为自己更努力地工作。

一次，洛克菲勒的一个合伙人爱德华·贝德福特，在南美的一次生意中，使公司损失了 100 万美元。然后，贝德福特丧气地回来见洛克菲勒，洛克菲勒本可以指责他的过失，但是他并没有这样做，他知道贝德福特已经尽力了，更何况事情已经发生了，并不能因此而把他的功劳全部抹杀，于是洛克菲勒另外寻找一些话题来称赞贝德福特，他把贝德福特叫到自己的办公室，对他说："这太好了，你不仅节省了60％的投资金融，而且也为我们敲了一个警钟。我们一直都在努力，并且取得了几乎所有的成功，还没有尝到失败的滋味。这样也好，我们可以更好地发现自己的错误和缺点，争取更大的胜利。更何况，我们也并不能总是处在事业的巅峰时期。"

洛克菲勒的几句话，把贝德福特心里夸得暖乎乎的，并下决心下次一定要好好注意，不再犯类似的错误。

无独有偶，某公司的一个清洁工，本来是一个最被人忽略的角色，他却在一天晚上，与偷窃公司钱财的窃贼进行了殊死搏斗。在颁奖大会上，主持人问他的动机时，他的回答让人们大吃一惊。他说："公司的总经理经过我身边时，总会赞美一句'你打扫得真干净'。"

可见，学会真诚地赞美别人是多么的重要。学会赞美别人不但符合时代的要求，还是衡量现代人素质和交际水平的一个重要标准。但是赞美不是奉承，也不是毫无来由的乱夸，而是要讲求一定的技巧：

1. 借别人之口转达赞美。

2. 赞美要真诚、公正。

3. 赞美要得体。

4. 赞美要及时而不失时机。

5. 寻找对方最希望被赞美的内容。

6. 赞美要从细节着手，忌俗套、空洞。

如果我们每个人都会发自内心地赞美别人的长处，反省自己的不足，无疑会使我们自己在人格上变得更完善，也更易得到别人的认可和欢迎。学会真诚地赞美别人还是修养性情的需要，它有助于我们达到更高的人生境界。

说服需要揣摩

要想说服别人，必须要先熟悉对方的心理，明白对方需要的是什么，找到问题的所在，然后才能成功。这与俗话说的"打蛇打七寸"是一样的道理。

在人际交往中，有些人在说服他人的时候，只知一味地滔滔不绝，希望把自己的意见加诸给对方，往往并不能真正说服对方，正所谓是"强扭的瓜不甜"。

如果说服别人之前能够多一点思考、揣摩一下对方的想法，那么等到真正进行的时候就会事半功倍。

巴西球王贝利，在很小的时候就显示出了踢球的天赋，并且取得了不俗的成绩。

有一次，小贝利参加了一场激烈的足球比赛。赛后，伙伴们都精疲力竭，有几位小球员点上了香烟，说是能解除疲劳。小贝利见状，也要了一支。他得意地抽着烟，看着淡淡的烟雾从嘴里喷出来，觉得自己很潇洒、很前卫。不巧的是，这一幕被前来看望他的父亲撞见。

晚上，贝利的父亲坐在椅子上问他："你今天抽烟了？"

"抽了。"小贝利红着脸，低下了头，准备接受父亲的训斥。

但是，父亲并没有这样做。他从椅子上站起来，在屋子里来回地走了大半天，才开口说话："孩子，你踢球有几分天赋，如果你勤学苦练，将来或许会有点儿出息。但是，你应该明白足球运动的前提是你具有良好的身体素质，可今天你抽烟了。也许你会说，我只是第一次，我只抽了一根，以后不再抽了。但你应该明白，有了第一次便会有第二次、第三次……每次你都会想：仅仅一根，不会有什么关系的。但天长日久，你会渐渐上瘾，你的身体就会不如从前，而你最喜欢的足球可能因此渐渐地离你远去。"

父亲顿了顿，接着说："作为父亲，我有责任教育你向好的方向努力，也有责任制止你的不良行为。但是，是向好的方向努力，还是向坏的方向滑去，主要还是取决于你自己。"

说到这里，父亲问贝利："你是愿意在烟雾中损坏身体，还是愿意做个有出息的足球运动员呢？你已经懂事了，自己做出选择吧!"

说着，父亲从口袋里掏出一沓钞票，递给贝利，并说道："如果不愿做个有出息的运动员，执意要抽烟的话，这些钱就作为你抽烟的费用吧!"说完，父亲走了出去。

小贝利望着父亲远去的背影，仔细回味着父亲那深沉而又恳切的话语，不由得掩面而泣，过了一会儿，他止住了哭，拿起钞票，来到父亲的面前："爸爸，我再也不抽烟了，我一定要做个有出息的运动员!"

从此，贝利训练更加刻苦。后来，他终于成为一代球王。至今，贝利仍旧不抽烟。

在上面的例子中，贝利的父亲就是知道贝利很想做一个有出息的运动员，他从这点入手，成功地说服贝利放弃了抽烟。这就是一个抓住问题关键并成功说服对方的例子。其实任何事情都是如此，要想说服对方，必须揣摩透对方的心理，才能真正地成功。

妻子："听说汤姆买了房子，而且还是座小型花园别墅，总共有120平方米。真好啊!我们的一些朋友都已经陆续有了自己的家。唉，真是让人羡慕，什么时候我们也能和他们一样呢？"

丈夫："啊，汤姆？真是年轻有为啊!我们也得加快脚步才行，总不能在这里待上一辈子吧。可是贷款购房利息又沉重得惊人。"

妻子："汤姆比你还小5岁呢。为什么人家可以，你就不行呢？目前贷款购房的人比比皆是，况且我们家还负担得起。试试看嘛!不如这个星期我们去看看吧。现在正是促销那种花园别墅的时机呢。买不买是另一回事，看看也不错!"

于是星期天一到，夫妇俩就带着孩子去参观正在出售的房子。

妻子："这地方真好啊！环境好又安静，孩子上学也近，而且房价也是我们负担得起的。一切都那么令人满意，不如我们干脆登记一户吧！"

丈夫："嗯，是啊！的确不错。我们应该负担得起。就这么决定吧！"

这句话正中妻子的下怀。她早看准了丈夫的决心一直在动摇，而用旁敲侧击的方法让他作出决定，这是妻子的成功所在。

这位妻子为何能够如愿以偿呢？因为她懂得揣摩丈夫的心理，进而采取相应的说服对策。她先举出邻居汤姆的例子，继而运用"大家都买了房子""大家都不惜贷款购房"等一连串话语来激发丈夫自己作出决定，成功把丈夫说服了。

可见，要想使对方接受我们的建议或者意见，就一定要会揣摩透对方的心理，只有这样，我们才能事半功倍，成功说服对方。

越接触越有好感

在与人交往的时候，要想得到别人的喜欢，就得让别人熟悉你。交往的次数越多，心理上的距离就越近，就越容易产生共同的经验，建立友谊，并形成良好的人际关系。

在心理学上，人们把这种现象称为"曝光效应"。为了证实"曝光效应"确实存在，有心理学家曾经做过这样一个实验：

他在一所中学选取了一个班的学生作为实验对象。每天他在黑板上不起眼的角落里写下了一些奇怪的单词。这个班的学生每天到校时，都会瞥见那些写在黑板角落里的奇怪的英文单词。这些单词显然不是即将要学的课文中的一部分，但它们已作为班级背景的不显眼的一部分被接受了。

班上的很多学生都没发现这些单词在以一种特殊的方式改变着——一些单词只出现过一次，而一些却出现了 25 次之多。学期结束时，这个班上的学生接到了一份问卷，要求对一个单词表的满意度进行评估，列在表中的是这学期曾出现在黑板上的所有单词。

问卷回收后，心理学家经过统计发现：那些出现频率较高的单词所获得的满意度也越高，相反地，那些只出现过一次的单词仅获得了极低的满意度。

可见，在人们的心里，"曝光效应"是实实在在存在的。人们不但对于事物的喜爱程度遵循"曝光效应"，在人际交往过程中，"曝光效应"同样存在。

美国心理学家扎琼克在 1968 年曾经进行了交往次数与人际吸引的实验研究。他将被试不认识的 12 张照片，随即地分为 6 组，每组 2 张，按照下面的方式展示给被试：第一组 2 张只看 1 次，第二组 2 张看 2 次，第三组 2 张看 5 次，第四组 2 张看 10 次，第五组 2 张看 25 次，第六组 2 张被试从未看过。看完全部照片后，实验者向被试出示了全部 12 张的照片，要求被试按照自己喜欢的程度将照片排序。结果发现：照片被看的次数越多，被选择排在最前面的机会也越多。由此可见，简单的呈现确实会增加吸引力，彼此接近、常常见面的确是建立良好人际关系的必要条件。

从上面的实验我们可以看出来，随着交往次数的增加，人们之间越容易形成重要的关系。一般来说，交往的频率越高，刺激对方的机会越多，"重复呈现"的次数越多，就越容易形成密切的关系。两个人从不相识到相识再到关系密切，交往的频率往往是一个重要的条件。没有一定的交往，如果像俗话所说的"鸡犬之声相闻，老死不相往来"那样，则情感、友谊就无法建立。研究发现，当所有其他因素相等时，一个人在另一个人面前出现的次数越多，对那个人的吸引力就越大。

那些情商高的人往往会不自觉地遵循"曝光效应"，他们常常表现得异常活跃，不断增加自己"曝光的次数"，从而在与人的交往过程中变得更受欢迎。德拉威州唯一的女性眼科医生伊莉莎白就十分了解这个道理。

作为德拉威州唯一的女性眼科医生，伊莉莎白在该州是相当有名望的人物。这位相当吸引人的年轻女郎是如何建立自己的声望的呢？一名知识上班族若想建立自己的声望，除了热切参与社会活动之外，别无他法。

她知道由于工作之故，无法借报纸、广播做自我推销，于是，她便选择了为公众服务的方式来提高自己的声望。果然，这种方法使她深得人心，也将她的事业推向了康庄大道。

伊莉莎白 23 岁时在德拉威州的乔治城开业。开业后，她的第一个工作就是整理出所有曾经交往过的朋友名单，此后就不断地与这些朋友联系，同时参加该城的妇女团体。不久，她便当上妇女会会长，并且连任两届。稍后，她又当上职业妇女组织州联合会会长。

她曾一度在主妇学校及业余剧团中十分活跃，还经常参加宗教、妇女及其他各类联欢会。

她抽空把到国外旅游时的所见所闻制作成幻灯片展示给大家看，这个举动使她与大家的心更接近。

她的社会生活多彩而忙碌，但她仍然能抽出时间扩大自己的交际范围。她曾出任视力鉴定考试委员，担任德拉威州残障协会干事，并且也是州长直属高速公路委员会中的3名女性之一。

那么，她对于频繁参与社交活动的看法又如何呢？她的说法是："能多参与社会性工作，被人们信赖的机会就较高，随时有可能把自己推销出去。"

就是这样，伊莉莎白在极短的时间内得到了大众的尊敬与信赖，不但生活更丰富，也使自己的工作更加顺手。说到底，她的所有声望就是不断扩大自己曝光度的成果。

可见，在人际交往中，利用"曝光效应"是多么的必要。你想让别人喜欢你吗？那就频繁地在他（她）的面前出现吧，先让他（她）熟悉你，慢慢地，你们之间心理上的距离就会越近，随着交往次数的增多，他（她）就很有可能在不知不觉中慢慢地喜欢上你。

当然，我们还必须认识到，任何事情都存在着一个度的问题，虽然越接触越有好感，但是还要把握适当的度，注意交往内容的有效和别人的接受程度。

交往需要技巧

不管是在哪个领域，我们总会时不时地看到这样一些人：他们看起来十分的健谈，所有听他们讲话的人都会显得聚精会神。出现这样的情景往往并不是因为他们有很高的智商，而是因为他们有着很好的人际交往技巧，人们往往会不由自主地被其吸引。

我们每个人几乎每天都在与别人打交道，这个打交道用专业的话来说就是交往，虽然交往无时无刻不在进行，但是并不是所有的人都掌握了交往的技巧，那些成功的人往往都是一些很有交往技巧的人。但是也有很多学业优秀的学生走向社会之后并没有作出骄人的成绩，如果仔细探究其中的原因，我们往往会很容易发现，他们的失败是因为他们缺乏一些人际交往的技巧。

在总结了很多高情商的成功人士之后，我们发现人际交往的技巧有这么几类。

1. 说话前，先喊出对方的名字。

让人愿意与其交往的最简单、最容易理解的方法，就是记住对方的名字，让对方有种被重视的感觉。

富兰克林·罗斯福虽然很忙，但他还是在百忙之中记住了一个机械工的名字。事情是这样的：克雷斯勒汽车公司为罗斯福总统定做了一辆特别的汽车，由机械工张伯伦和他的同事把这辆车送到总统官邸。张伯伦对当时的情况做了如下叙述：

"我拜访官邸时，总统的心情非常好。他直接唤我的名字，而且跟我聊天，所以我的心情也变得相当愉快。许多人都来围观这辆新车。大总统在这些围观者面前，对我说：'张伯伦先生，制造这辆珍贵的车时，每天一定是很辛苦的，实在令人敬佩！'然后他对散热器、后视镜、车内装潢、驾驶座位以及行李箱中附有标记的手提箱等，一一检视过后，频频表示敬佩。当驾驶练习完毕之后，总统就对我说：'张伯伦先生，我已经让联邦储备银行的人等了 30 多分钟，我想该去办公了！'

"那时候我是带着一名机械工一块去的。到达官邸时我就把他介绍给总统。总统只听过一次他的名字，可当我们辞行的时候，总统寻找到这名机械工，亲切地呼唤他的名字，握着手表示谢意。

"回到纽约几天后，我收到总统亲笔签名的照片和感谢函。到底总统是如何挤出这些时间干这些事的，我实在不知道。"

罗斯福的这种举动无疑会使与他交往的人感觉到自己受到了重视，从而使人们喜欢他，并愿意与其进一步交往，这是他能够登上总统之位，并得到很多人爱戴和拥护的原因之一。

2. 让你的声音甜美而有韵律。

一个人讲话时的声音是否优美动人，跟他受欢迎的程度及社交上的成功密切相关。事实上，没有任何一样东西可以像甜美而有韵律的声音一样，如此真实地反映出一个人良好的教养和高雅的品性。

"如果把我跟一大群人关在一间黑暗的屋子里，"托马斯·希金森说，"我可以根据人们的声音分辨出其中的温文尔雅者。"

一个名人曾经讲过这样的例子，他说他认识的一位女士，由于声音非常清脆圆润、谐和雅丽，所以，不管她到任何地方，只要她一开口说话，所有的人便都洗耳恭听，因为他们无法抗拒这如此富有魅力的声音。那种纯真、爽朗、充满生命活力的声音就像从干裂的地面喷出的一股清泉，就像从静寂的山谷涌上的一注急流，在每个人的心头涓涓而流，恰似生命中最美的音乐。

事实上，这位女士的相貌相当普通，甚至可以说是有些丑陋，然而她的声音是那样的圣洁、甜美；它所带来的魅力是不可阻挡的，并且也从某个层面象征着她高雅的素养和迷人的个性。

除了这些之外，人际交往的技巧还有很多，综合很多高智商成功人士的经验，我们把它们分列如下。

3．尊重他人的意见，切勿对他说："你错了！"

这是对别人智慧的直接侮辱，并且会召来怨恨，只会使沟通的机会更少。要尊重别人的意见，或者，只要请问他们为何会有此种想法即可。

4．如果是你错了，立即承认。

成熟而具有信心的人士，绝不怕承认自己的错误。

5．以友善的态度开始。

假如我们不这么做，怎么有可能赢得别人的合作，而使其同意我们的看法呢？

6．诉诸更崇高的动机。

经验显示，人们会为理想及更高的目标，努力不懈。

7．设法使他立即说："对，对！"

让对方在一开始便对某个观点表示同意，如此，要他接受你的其他意见便比较容易了。

8．多让他说话。

此法不仅可获得更多信息，甚至可使对方主动谈到你已决定要做的事。

9．让他觉得，这主意是他想到的。

重要的是，什么是对的，而不是谁是对的。只有依据这个原则，你才能帮助他人重建信心，并使他们愿意把好意见提出来。

10．真诚地试图从他人的角度去了解一切。

每个人的观念和他们的立足点不同，也许他们所看到的比你更全面。

11．理解他人的想法与愿望。

这是开启沟通渠道的最好方法。

12．提出挑战。

大部分人都具有竞争心理。因此，提出挑战会收到意想不到的效果。

13. 将你的想法作戏剧化的说明。

好的观念要有好的包装。把你的观念用与众不同的、一般人想不到的方式表达出来，以加强诉求效果。

总之，只有我们能够多注意运用人际交往中的一些小技巧，我们的人际交往能力就会得到有效的提高，从而使我们在与别人交往时，不但使别人感到舒服，愿意与我们进一步交往，还可以达到我们自己的目的。

第七章

做一个有影响力的人

情商与影响力

高情商的人，往往都是一些影响力很强的人。那么情商是什么，影响力的本质又是怎么回事，他们之间又呈现着怎样的关系呢？

情商是什么？关于这个问题，不同的人有不同的看法。

美国的两位心理学家比德·拉勒维和约翰·麦耶提出了情商这一概念。情商又称为情绪智慧、情绪智力，是一种心理素质，是一个人感受理解、控制、运用表达自己以及他人情绪的一种能力。

哈佛经济学教授詹纳斯·科尔耐说："我把人在控制情感上的软弱无力称为奴役。因为一个人为情感所支配，行为便没有自主之权，而受命运的宰割。"

哈佛公共政策学教授伊莱恩·凯玛克则说："做自己感情的奴隶比做暴君的奴仆更不幸。"

对于情商，即使不同的人说法不完全相同，但从很多人的说法中，我们基本可以给情商下一个简单的定义，那就是人们控制自己情绪和影响别人情绪的能力。从下面这个例子里面，我们可以看到情商的高低对人的影响是多么的不同。

老者在路边打坐。这时，一个过路的武士打断了他的沉思："老头！告诉我什么是天堂，什么是地狱！"

开始老者毫无反应，好像什么也没听到。渐渐地，他睁开双眼，嘴角露出一丝微笑。武士站在旁边，迫不及待。

"你想知道天堂和地狱的秘密？"老者问，"你这等粗野之人，手脚沾满污泥，头发蓬乱，胡须肮脏，剑上锈迹斑斑，一看就没有好好保管。你这等丑陋的家伙，你娘把你打扮得像个小丑，你还来问我天堂和地狱的秘密？"

武士气急败坏，拔出剑来，举到老者头上，他满脸通红，血脉贲张，脖子上青筋暴露，利剑就要落下，老者忽然轻轻说道："这就是地狱。"

刹那间，武士惊愕不已，肃然起敬，对眼前这个敢用生命来教育他的瘦弱老者充满怜悯和敬意。他的剑停在半空，他的眼中噙满感激的泪水。

"这就是天堂。"老者说道。

人人都有七情六欲，面对生活时，不可能心如止水，都会有情绪的波动。就像故事中的武士一样，当老者无缘无故地数落他一番时，他必然会感到屈辱，甚至在这种情感的支配下，差点儿杀掉老者。幸亏，在老者及时点拨下，武士才注意到自己的行为，遂对老者产生怜悯与敬意。

这个武士的情商不能说很高，因为他的情绪很容易被别人左右；而那个老者具有很高的情商，他不但在威胁面前保持着平稳的情绪，还影响着武士的情绪，并能够在这个过程中使武士得到点化，可谓是控制自己情绪和影响别人情绪的高手。

在这个例子中，我们不但看到情商高低的标新不同，还能从中体悟到影响力的存在，那么影响力又是什么呢？

影响力不同于能力，能让其他人在短期的实践中感觉得到；更不同于智力，大家可以评估出来。影响力就是一种独特的魅力，时时刻刻影响着我们，并且给予对方一种神奇的力量，甚至可以影响身边的人一生。

有人笑称，人生就是一个控制与反控制的博弈，那么我们也完全可以说人生就是一种互相影响的对弈，谁的影响力大，谁的影响范围广而且深入，那么他就赢得了成功的主动权。

提及影响力，人们习惯性地认为它与权力相同，其实不然。与权力不同，影响力不是强制性的。它是一个更为微妙的过程，是以一种潜意识的方式来改变他人的行为、态度和信念的过程。它确实涉及了权力的某些方面，但它是通过人际劝服来进行的微妙的过程。与赤裸裸的权力相比，影响力没有那么直观——从它的本质来看，影响力比较间接和复杂。别人甚至意识不到你在使用影响力技巧。这种非直观的、更为微妙的本性赋予影响力一种内在的力量。

不仅被影响的人们无法抗拒影响力，就连释放影响力的本人，也无法阻止它对别人产生作用。

马丁·路德·金是20世纪最有影响力的美国人之一。他承认罗宾森对自己生命有正面的影响力，也是激发他奋斗的原因。他曾经对非裔美籍的棒球先驱者唐·纽康伯说："你大概不知道，是你与杰克·罗宾森，还有罗伊·坎波尼拉使我的事业梦想成真。"

研究表明，情商的高低往往决定着他的影响力大小。

拿破仑发动一场战役只需要两周的准备时间，换成别人会需要一年。之所以会有这样的差别，正是因为他那无与伦比的影响力。战败的奥地利人目瞪口呆之余，也不得不称赞这些跨越了阿尔卑斯山的对手："他们不是人，是会飞行的动物。"

拿破仑在第一次远征意大利的行动中，只用了15天时间就打了6场胜仗，缴获了21面军旗、55门大炮，俘虏15000人，并占领了皮德蒙德。

在拿破仑这次辉煌的胜利之后，一位奥地利将领愤愤地说："这个年轻的指挥官对战争艺术简直一窍不通，用兵完全不合兵法，他什么都做得出来。"

但拿破仑正是更多地用情商而不是智商，让他的士兵跟着他，从一个胜利走向另一个胜利。

　　一个人的影响力之大，大到可以让很多人为了他冒着放弃可贵生命的危险，足见其个人魅力——影响别人情绪的能力。因此，我们要想增加自己的影响力，一定要有很高的情商，才能既控制自己的情绪，还能影响别人的情绪，从而形成较强的影响力。

影响别人，从用心开始

要影响别人，就要从用心开始，因为只有你自己用心做某件事情，才能使别人受到感染，从而才能真正地影响别人。那些用心做事的人，他们不但能使自己变得更完善，还能使世界因自己而得到改变。

有一个 6 岁的加拿大男孩，曾经用一颗单纯的心改变了世界。

他曾被评选为"北美洲十大少年英雄"，甚至被人称为"加拿大的灵魂"，他就是曾经接受过加拿大国家荣誉勋章的瑞恩·希里杰克。

1998 年，6 岁的瑞恩第一次听说在非洲有很多孩子因为喝不上干净的水而死去，于是，为非洲的孩子捐献一口井成了他的梦想。

那天回到家里，他向妈妈要 70 加元时，妈妈告诉他："你可以通过自己的劳动凑齐这一笔钱，比如打扫房间、清理垃圾，我会给你报酬。"瑞恩迟疑了一下，最终答应了。于是，他开始通过自己的劳动挣钱。

瑞恩得到的第一个任务是吸地毯，干了两个多小时后他得到了两块钱的报酬。几天之后，当全家人去看电影时，瑞恩一个人留在家里擦了两个小时窗子，赚到第二个两块钱。全家人都以为瑞恩不过是心血来潮，他却坚持了下来。

4 个月后，当瑞恩把辛苦积攒的钱交给有关组织时却得知，70 元只够买一个水泵，挖一口井实际需要 2000 加元，他并没有放弃，反而更加卖力了，因为他只有一个想法，就是要尽自己的能力让更多非洲的小朋友喝到水。

渐渐地，大家都知道了瑞恩的这个梦想。于是爷爷雇他去捡松果；

暴风雪过后，邻居们请他去帮忙捡落下的树枝；瑞恩考试得了好成绩，爸爸给了他奖励；瑞恩从那时起不再买玩具……所有这些钱，都被瑞恩放进了那个存钱的旧饼干盒里。

后来，他的故事被媒体报道了，他的名字传遍了整个国家。一个月后，在他家的邮筒里出现了一封陌生的来信，里面有一张30万元的支票，还有一张便条："但愿我可以为你和非洲的孩子们做得更多。"如果你以为这是故事的结尾，那就错了，因为这只是事情的开始。接下来，在不到两个月的时间里，又有上千万元的汇款支持瑞恩的梦想。

2001年3月，"瑞恩的井"基金会正式成立。瑞恩的梦想成为千万人参加的一项事业。

事后有人问瑞恩："你为什么要这样做呢？"

瑞恩说："没有为什么，我只是想让他们喝到干净的水。"

"没有为什么"，一切就是如此简单，他只是听从了自己的召唤，并随着善良灵魂的高歌起舞而已。那一个心灵的舞蹈，却令整个世界为之倾倒。

心灵纯净的人，往往是精神潜能真正觉醒的人。他们那些美好的梦想和执着的信念具有强大的感召力，所以能四两拨千斤般创造奇迹。一个人只要用心去做某事，那么他必然具有强大的人格魅力，这种魅力会不由自主地影响别人。

"今天，我一定要断然拒绝他们的要求。"出门之前，卡尔森太太在心里对自己这么说。

天下着很大的雨，到处都是水。卡尔森太太之所以冒雨出门，是为了把眼前这件事尽快处理完。

卡尔森太太平时以乐善好施出名。她经常捐东西给遭到天灾人祸的人，或买很多衣料送给本市的贫民。可是，这一次的事，性质大不相同，使她无法像平时那样爽口答应。虽然目的是为了贫苦无依的孤儿们着想，但要她捐出祖传的土地来建造孤儿院，她实在无法同意。

她对世世代代传下来的那片土地有无限的感情，何况，她年纪已老，此后生活的主要收入来源就靠那块土地。这是跟她此后的生活有直接关系的事。说得严重一点，若失去这一块土地，她的生活马上就要受到影响。

"不管对方如何恳求，也不能有一丁点同情心，否则……"想着想着，卡尔森太太的脚步就越来越快了。

雨越下越大，风也吹得更起劲了。不多久，她到了目的地。她推开大门，走进去。由于是个大雨天，走廊上到处湿湿的。她在门口寻找拖鞋穿。

"请进！"这时候，随着一个甜美的声音，女办事员玛丽笑容可掬地站在了卡尔森太太面前。玛丽看到地板上没有拖鞋了，立刻毫不犹豫地脱下自己的拖鞋给卡尔森太太穿。

"真抱歉，所有的拖鞋都给别人穿了。"玛丽小姐诚恳地说道。

卡尔森太太看到玛丽小姐的袜子踏在地板上，一刹那就给弄湿了。

卡尔森太太被玛丽小姐的举动感动了。在这一瞬间，卡尔森太太明白了施与的真正含义。

她想："平时我被大家称为慈善家，可是，我做的慈善行为到底是些什么？我捐出来的，全是自己不再使用的旧东西，再不就是捐出多余的零用钱罢了。而真正的施与，应该像这位小姐一样，拿出对自己来说是最重要的东西，那才有莫大的价值呀！"

突然，卡尔森太太的决定有了180度的大转变——她决心捐出那块祖传的土地给这家慈善机构，为可怜的孩子们建立设备完善的孤儿院。

卡尔森太太对办事员玛丽说："好温暖的拖鞋。"

玛丽红了脸，不好意思地说："对不起，我一直穿着，所以……"

卡尔森太太连忙打断她的话："不，不，我没有怪你的意思，我是说，你的心，令人感到温暖，也让我明白了许多！"卡尔森太太向她投以亲切的微笑，然后，朝着募捐办公室快步走去……

　　用心是一种生活的态度，不管是多么平凡的人，只要他能够真正用心去做一件事，就可以让人感觉到那种不易察觉的影响力在他的周围扩散，从而使别人不由自主地受到影响。如果你也想成为一个有影响力的人，那么就从用心开始吧。

将积极的情绪传给别人

心理学家研究表明，在生活当中，人们的情绪可以传染，也就是说，在人际关系中，大部分的人在看到别人表达情感时，往往会激发自己产生出与别人相同的情感。虽然很多的时候，我们并不能意识到这一点，但它确确实实地存在。

一位美国的士兵曾经这样回忆一件发生在越战初期的事情，他说："当时我们在一处稻田与越军激战，忽然来了6个和尚，他们丝毫不理会当时的枪击和危险的形势，他们排成一排，走过田埂，越过战场，他们是如此镇定，好像外界什么都没有发生似的。我当时都看呆了，不知道怎么回事，大家不约而同地停止了射击，都安静下来，我忽然没有了继续打下去的情绪，我怀疑很多人都是这样想的，包括我们的对手，因为就这么个事，我们竟然莫名其妙地休兵了一天。直到现在，我都感觉那简直是个奇迹。"

在上面这个例子中，就很清楚地说明情绪是可以互相传染的，而且情绪的传染往往是从那些情绪强的一方传递到比较弱的那一方，如果那群和尚没有强烈的、镇静积极的正面情绪，他们会被那些愤怒的交战情绪吓倒而不是震慑到他们。其实很多影响别人的人都是那些具有强烈情绪传染力的人。

一天清晨，在一列开往柏林的老式火车的卧车中，查尔斯和另外4个男士正挤在洗手间里刮胡子。经过了一夜的疲困，隔日清晨通常会有不少人在这个狭窄的地方洗漱一番。此时的人们多半神情漠然，彼此间也不交谈。

就在此刻，突然有一个面带微笑的男人走了进来，他愉快地向大家道早安，却没有人理会他的招呼。之后，当他准备开始刮胡子时，竟然自若地哼起歌来，神情显得十分愉快。男人的这番举止让查尔斯感到很奇怪，于是他用开玩笑的口吻问道："喂！老兄，你好像很得意的样子，遇到什么好事了？"

"是的，你说得没错。"男人回答，"正如你所说的，我是很得意，因为我真的觉得很愉快。"然后，他又说道："我是把使自己觉得幸福这件事，当成一种习惯罢了。"

后来，在洗手间内所有的人都把"我是把使自己觉得幸福这件事，当成一种习惯罢了"这句深富意义的话牢牢地记在心中。

到达柏林后，查尔斯仍然时时想起这句话。他时时警醒自己，要把幸福当成一种习惯，在这种情绪的激励下，他也慢慢变得开心多了。

在上面这个例子中，查尔斯就是受到了那个男人强烈的情绪感染，变成了一个快乐的人。当然我们不能忽视一点，那就是强烈的消极情绪也可以给别人以影响，但是这种影响往往是消极的、不良的，为了使自己成为一个有好的影响力的人，我们一定要注意使自己成为一个传递积极情绪的人，那些给别人带来震撼的人士，并不见得是成功的人，但往往都是那些能把积极的情绪传递给别人的人。

棒球王贝比·鲁斯，在他的棒球生涯中，一共击出了714记全垒打，被誉为历史上最卓越的棒球选手。

最后一记本垒打为鲁斯的棒球职业生涯画上了一个完美的句点，与其伴随的还有一个感人的故事。

那时，闻名遐迩的鲁斯年龄已经偏大了，已不再像年轻时那般身手灵活了。

在守备上由于他一再漏接，单单在一局中就让对方连下5城，而其中的3分都是由于他的失误造成的。他在那场比赛中已经连续被三振两次了，英雄似乎走上了末路。

当他就要第三度上场时，此时球赛已进入最后一局的下半局，勇士队两人出局两人在垒，刚好落后对方2分……

当他举步维艰地迈向打击区时，观众们一阵阵的叫嚣声震耳欲聋，奚落的嘲笑与嘘声不绝于耳。

此时，鲁斯已没有信心再打下去了，他缓步走回休息区，向教练要求换别人打。

但就在这一刻，一个男孩费力地跃过栏杆，泪流满面地展开双臂，抱住了心中的英雄。鲁斯亲切地抱起男孩，许久才放下，然后轻轻地拍拍他的头。

这时，球场沉浸在一片宁静中。他又缓缓地走回球场，接着就击出那记最具意义的全垒打。

在鲁斯正要绝望的时候，那个男孩的拥抱传递给他积极的情绪，使他能够比较积极地面对职业生涯上的瓶颈。可能这个男孩子和鲁斯都想不到，一个鼓励似的拥抱可以传递这么强大的情绪力量，发挥这么大的作用，但显然它确实产生了让人感觉不可思议的结果。

约翰·米尔顿曾经说过："一个人如果能够控制自己的激情、欲望和恐惧，那他就胜过国王。"相对于控制自己的情绪，传递给别人积极的情绪无疑显得更加伟大。而那些让我们铭记的人往往都是那些曾经传递给过我们积极情绪的人，他们通过眼神、微笑或者简单的动作等让我们感觉到了积极向上的力量，不夸张地说，有很多时候，这些积极的力量甚至使我们的生命转到了更有意义的方向，可见传递给别人积极的情绪具有着多么大的魔力。

对我们每个人来说，如果能够每天都保持着积极的情绪，无疑也是在向别人传达着积极的信号，因为我们的情绪也可能会在无意识的状态下传递给周围的人。所以，保持积极的情绪并把它传递给别人是增强自我影响力的重要途径。

对比影响力

为了影响别人，很多时候，我们都要运用对比的方法，而对比影响力在实际中的运用也很广。在表演舞台上将光柱照射到主要演员身上，就是为了引起观众的注意；在学校里，教师用白色粉笔在黑板上写字，黑白两色形成极大的反差，从而引起学生的注意；在出租房屋的时候，为了增加客户对房子的满意度，那些推销员总是先领他们去看那些破烂得无法居住的房子；等等。在很多时候，运用对比的方法对别人施加影响力可以使对方很快转变想法，从而接受自己的提议。

在与别人的交往过程中，运用对比影响力甚至还可以使对方重新鼓起生活的勇气。

威尔玛·鲁道夫从小就"与众不同"，她在家中 22 个孩子中排行 20。她出生时因早产而险些丧命。4 岁时她患了肺炎和猩红热，后来又患了小儿麻痹症，由于左腿不能正常使用，她只能穿着固定腿的金属绷带。她的左腿因此而瘫痪。童年时候的她不要说像其他孩子那样欢快地跳跃奔跑，就连平常走路都做不到。寸步难行的她非常悲观和忧郁。

随着年龄的增长，她的忧郁和自卑感越来越重，甚至，她拒绝所有人的靠近。但也有例外，邻居家的残疾老人是她的好伙伴。老人在一场战争中失去了一只胳膊，但他非常乐观，她也喜欢听老人讲故事。

有一天，威尔玛被老人用轮椅推着去附近的一所幼儿园，操场上孩子们动听的歌声吸引了他们俩。当一首歌唱完，老人说道："让我们为他们鼓掌吧！"她吃惊地看着老人，问道："你只有一只胳膊，怎么鼓掌啊?"老人对她笑了笑,解开衬衣扣子,露出胸膛,用手掌拍起了胸膛……

那是一个初春的早晨,风中还有几分寒意,但她突然感觉自己的身体里涌起一股暖流。老人对她笑了笑,说道:"只要努力,一个巴掌也可以拍响。你一定能站起来的!"

那天晚上,威尔玛让父亲写了一张纸条贴在墙上:"一个巴掌也能拍响!"

从那之后,她开始配合医生做运动。无论多么艰难和痛苦,她都咬牙坚持着。有一点进步了,她又求更大进步。甚至父母不在家时,她自己扔开支架,试着走路……蜕变的痛苦牵扯到筋骨。她坚持着,相信自己能够像其他孩子一样行走、奔跑!

很快她的付出有了回报,到她9岁的时候,她不再需要她的金属护腿绷带。威尔玛很高兴,因为她能够跑步,并能像其他孩子们那样玩耍。她的哥哥在后院竖立起一个篮球筐,自那以后,她每天玩篮球。她终于扔掉支架,开始向另一个更高的目标努力着:锻炼打篮球和参加田径运动。无论严寒酷暑,她都始终坚持着,从不气馁,从不放弃。

在她16岁仍在上中学的时候,她已经成为一名非常优秀的田径运动员,她代表美国参加了1956年在澳大利亚墨尔本举行的奥运会,她是美国代表队中最年轻的选手,在接力跑4×100米接力比赛中获得了一枚铜牌。

1960年,罗马奥运会女子100米决赛,当她以11秒18第一个撞线后,掌声雷动,人们都站起来为她喝彩,齐声欢呼着她的名字:"威尔玛·鲁道夫!威尔玛·鲁道夫!"那一届奥运会上,威尔玛·鲁道夫成为当时世界上跑得最快的女人,她共摘取了3枚金牌,也是第一个黑人奥运女子百米冠军。

后来,在说起这位老人的时候,她很动情:"是他,让我知道世界上还有比我更惨的人,我只是左腿瘫痪,如果努力还有希望站起来,而他,确是永远地失去了右手,即使怎么努力,都无法重新再得到,他都能那么乐观，我为什么不能呢，我很感谢他。"

可见，对比影响力在人的生活中占有很重要的地位，不管是让别人接受自己的提议，还是让别人感到幸福，从而增加生活的勇气和快乐，或者是为了引起别人的注意等，都可以运用对比的影响力。

坚持互惠的原则

　　人生就像是战场，人与人之间有时候难免要处于互相对立的位置，但是人生毕竟不是战场。生活也不用像战争那样，非得争个鱼死网破，两败俱伤。从更根本的利益来看，互惠是人类社会永恒的法则，它是各种交易和交往得以存在的基础。坚持互惠的原则往往可以让我们在社会的交往当中利用到更多的资源，获得更多的帮助。

　　互惠的原则绝不只是理论，它一直在我们的生活当中不知不觉地发挥着作用，这可以通过下面的事例得到验证。

　　一位心理学教授为了证明互惠原理的巨大作用，就做了一个小小的实验。他在一群素不相识的人中随机抽样，给挑选出来的人寄去了圣诞卡片。虽然他也估计会有一些回音，但没有想到大部分收到卡片的人，都给他回了一张。而其实他们都不认识他啊！

　　给他回赠卡片的人，也许根本就没有想到过打听一下这个陌生的教授到底是谁。他们收到卡片，自动就回赠了一张。也许他们想，可能自己忘了这个教授是谁了，或者这个教授有什么原因才给自己寄卡片。不管怎样，自己不能欠人家的情，给人家回寄一张，总是没有错的。

　　这个实验虽小，却证明了在社会生活和人际交往中，互惠定律无时无刻不在发挥着作用。事实上，我们常常都会有类似的体会，如果一个人帮了我们一次忙，我们会时刻记着找机会帮他一次；如果一个人送了我们一件生日礼物，我们也会努力记住他的生日，届时也给他买一件礼品；如果一对夫妇邀请我们参加了一个聚会，我们通常也会记得邀请他们到我们的一个聚会上来……

互惠原则存在于我们生活的各个角落，在不知不觉中影响着我们的决定和行为。从另外一个角度来看，互惠即意味着要想得到，必须先给予，只有这样，才能最终得到自己想要得到的东西，有一个例子很好地体现了这一点。

在美国一个农村，住着一个老头，他有3个儿子。大儿子、二儿子都在城里工作，小儿子和他在一起，父子俩相依为命。

突然有一天，一个人找到老头，对他说："尊敬的老人，我想把你的小儿子带到城里去工作。"老头气愤地说："不行，绝对不行，你滚出去吧！"这个人说："如果我给你儿子找的对象，也就是你未来的儿媳妇是洛克菲勒的女儿呢？"老头想了想，终于，让儿子当上洛克菲勒女婿这件事打动了他。

过了几天，这个人找到洛克菲勒，对他说："尊敬的洛克菲勒先生，我想给你的女儿找个对象。"洛克菲勒说："快滚出去吧！"这个人又说："如果我给你女儿找的对象，也就是你未来的女婿是世界银行的副总裁，可以吗？"洛克菲勒同意了。

又过了几天，这个人找到了世界银行总裁，对他说："尊敬的总裁先生，你应该马上任命一个副总裁！"总裁先生说："不可能，这里这么多副总裁，我为什么还要任命一个副总裁呢，而且还必须是马上？"这个人说："如果你任命的这个副总裁是洛克菲勒的女婿，可以吗？"

结果自然可知，总裁先生同意了。

毫无疑问，这个中间人有着极高的情商，把互惠原则发挥得淋漓尽致，所有的人在这里都得到了自己想要的东西。

如上例所示，互惠的最终结果是双方达到共赢。一位德高望重的教授常对他的学生说："要想得到我们想要的东西，我们必须给予别人想要的东西，只有这样，我们才能互惠共生，达到双赢。"

有这样一个故事。

从前，有两个饥饿的人得到了一位长者的恩赐：一根渔竿和一篓鲜活硕大的鱼。一个人要了一篓鱼，另一个要了一根渔竿，于是，他们分道扬镳了。得到鱼的人原地就用干柴搭起篝火煮起了鱼，他狼吞虎咽，还来不及品出鲜鱼的肉香，转瞬间，连鱼带汤就被他吃了个精光，不久，他便饿死在空空的渔篓旁。另一个人则提着渔竿继续忍饥挨饿，一步步艰难地向海边走去，可当他已经看到不远处那片蔚蓝色的海洋时，他浑身一点气力也没有了，他也只能眼巴巴地带着无尽的遗憾撒手人寰。

又有两个饥饿的人，他们同样得到了长者恩赐的一根渔竿和一篓鱼。只是他们并没有各奔东西，而是约定共同去找寻大海，他俩每次只煮一条鱼，他们经过长途跋涉，终于来到了海边。

从此，两个人开始了捕鱼为生的日子，几年后，他们盖起了房子，有了各自的家庭、子女，有了自己建造的渔船，过上了幸福安康的生活。

从上面的故事我们可以看出来，要想双赢，必须坚持互惠的原则，互惠原则不仅会使我们得到意想不到的好处，在关键的时刻甚至还可以救人一命。

从很多高情商的成功人士身上，我们都可以看到，他们懂得互惠是一种聪明的生存之道，因此，在与别人的交往过程中，他们往往很少只想着自己，而是经常会为别人付出，因为他们明白，给予别人好处，从某种程度上就是帮助了自己。这也是他们往往能够最终成功的一个重要原因。因为，在这个崇尚合作的世界上，没有一个人能担当全部，一个人价值的体现往往就维系在与别人互惠的基础之上。

第八章

用高情商打造强大气场的秘密

气场，人类的精神名片

科学家发现，在大雁飞行的时候有一个有趣的现象：头雁拍打几下翅膀，会产生一股上升气流，后面的雁紧紧跟着，可以利用这股气流，飞得更快、更省力。这股气流就是气场，气场能够影响别的大雁。

不仅大雁有气场，我们也有，但我们的"气场"不是气流，而是每个人对周围同类人所施加的影响力。每个人都有不同的气场，有的强，有的弱。尽管气场产生作用的过程会有向内的力，但是影响力产生的结果是向外的力。

当一个人的语言和行为有鲜明的个性风格，如果这种风格不断带来正面的结果，这样的刺激闭环被重复加强的时候，它就会为周边的人发现，这一切都无处不在、无时不有地发挥着自己的影响力。

一位心理学家在研究过程中，为了了解人们对于同一件事情在心理上所反映出来的个体差异，他来到一所正在建筑的大教堂，对现场忙碌的敲石工人进行访问。

心理学家问他遇到的第一位工人："请问你在做什么？"

工人没好气地回答："在做什么？你没看到吗？我正在用这个重得要命的铁锤来敲碎这些该死的石头。而这些石头又特别硬，害得我的手酸痛不已，这真不是人干的工作。"

心理学家又找到第二位工人："请问你在做什么？"

第二位工人无奈地答道："为了每天 50 美元的工资，我才会做这件工作，若不是为了一家人的温饱，谁愿意干这份敲石头的粗活？"

心理学家问第三位工人："请问你在做什么？"

第三位工人眼中闪烁着喜悦的神采："我正参与兴建这座雄伟华丽

的大教堂。落成之后，这里可以容纳许多人来做礼拜。虽然敲石头的工作并不轻松，但当我想到，将来会有无数的人来到这儿，再次接受上帝的爱，心中便常为这份工作而感恩。”

同样的工作、同样的环境，却有着完全不同的3个人。

第一个人，是无可救药的人。可以设想，在不久的将来，他将不会得到任何工作的眷顾，甚至可能成为生活的弃儿。如果把他留在团队中，他只会继续散布悲观论，瓦解一个团队的斗志。

第二个工人，是没有责任感和荣誉感的人。对他抱有任何期望肯定是徒劳的，他抱着为薪水而工作的态度，为了工作而工作。在老板和同事的眼里，他不是可依赖的员工，可有可无，影响力为零。

该用什么语言赞美第三个人呢？在他身上，看不到丝毫抱怨和不耐烦的痕迹；相反，他是具有高度责任感和创造力的人，他充分享受着工作的乐趣和荣誉，同时，因为他努力工作，工作也带给了他足够的荣誉。他就是我们所说的具有强大“气场”的人。他浑身都散发出让人难以抗拒的魅力，使接近他的人不由自主地感觉到一种正面、积极的力量，从而被他吸引，很多高情商的成功人士都有着像他这样的强烈“气场”，他们往往对生活充满热情，使周围的人不由自主为其叹服，受其感染。

几年前，罗宾斯博士去巴黎参加研讨会，开会的地点不在他下榻的饭店。他仔细地看了一遍地图，发觉自己仍然不知道该如何前往会场所在的五星级旅馆，于是他走到大厅的服务台，请教当班的服务人员。

这位身穿燕尾服、头戴高帽的服务人员，是位五六十岁的老先生，脸上有着法国人少见的灿烂笑容，他仪态优雅地摊开地图，仔细地写下路径指示，并带罗宾斯博士走到门口，对着马路仔细讲解前往会场的方向。

他的热忱及笑容让人如沐春风，他的服务态度彻底改变了罗宾斯博士原来觉得“法式服务”冷漠的看法。

在致谢道别之际，老先生微笑有礼地回应：“不客气，祝你顺利地找到会场。"接着他补了一句，"我相信你一定会很满意那家饭店的服务，因为那儿的服务员是我的徒弟！"

"太棒了！"罗宾斯博士笑了起来，"没想到你还有徒弟！"

老先生脸上的笑容更灿烂了，"是啊，25年了，我在这个岗位上已经工作了25年，培养出无数的徒弟，而且我敢保证我的徒弟每一个都是最优秀的服务员。"他的言语流露出发自内心的骄傲。罗宾斯博士看着他，心里有一种很奇怪的感觉。"什么？都25年了，你一直站在旅馆的大厅啊？"

罗宾斯博士不禁停下脚步，向他请教在工作中乐此不疲的秘密。

老先生回答说："我总认为，能在别人生命中发挥正面影响力，是件很过瘾的事情。你想想看，每年有多少外地旅客来到巴黎观光，如果我的服务能帮助他们减少'人生地不熟'的胆怯，而让大家感觉像在家里一样，因此有个很愉快的假期的话，这不是很令人开心吗？这让我感觉到自己成为每个人假期中的一部分，好像自己也跟着大家度假一样的愉快。

"我的工作是如此的重要，许多外国观光客就因为我而对巴黎有了好感。"他说，"所以我私下里认为，自己真正的职业，其实是'巴黎市地下公关部长'！"他眨了眨眼，爽朗地说。

罗宾斯博士被老人的回答深深地震撼了，他从老人朴实的言语中感受到了一种不同寻常的力量。

热情就如同生命。凭借热情，我们可以释放出潜在的巨大能量，发展出一种坚强的个性；凭借热情，我们可以把枯燥乏味的工作变得生动有趣，使自己充满活力。

历史上许多巨变和奇迹，不论是社会、经济、哲学或是艺术的研究和发展，都是因为参与者的100%的热情才得以进行。拿破仑发动一场战役只需要两周的准备时间，换成别人则需一年，之所以会有这么大的差别，正是因为他对在战场取胜拥有无与伦比的热情。

对生活充满热情的人都有着积极的心态、积极的精神状态。在人群中，他们的"气场"通过一种极富感染力的表达方式传递到他们的周围，使大家都能感受到这种精神的魅力。

杰克是一个企业终端科的员工，只负责对销售终端布置的规范性进行指导和提供咨询。可杰克除了完成自己的本职工作外，还总喜欢接手一些相关的工作——企业培训导购员，他是当仁不让的组织、策划和对口管理者；依仗灵活多变的谈判能力和对消费者需求的熟知程度，积极参与促销活动所需的礼品采购；他还大包大揽地承接了信息收集工作，为此安排专人每日为企业高层与相关职能部门整理、报送各项最新资讯……同事都觉得杰克是"傻瓜"，甚至有人对他冷嘲热讽。

杰克对此处之泰然，他说："我不光是为老板打工，更不是为了赚钱，我是在为自己的梦想打工，为自己的前途打工。我要在业绩中提升自己，我要使自己工作所产生的价值远远超过所领的薪水。只有这样，我才能得到我想得到的东西——工作的快乐，成功的快乐。"

他一直坚持着，潜移默化地，他身边的同事都受到他的影响，都逐渐朝他看齐。他俨然成了公司的"气场"人物。

由此可见，要想取得成功，必须要做核心人物，这样才能吸引、感染别人，自己也才能最终受益。其实这里也是在讲怎么使自己的"气场"强大起来。可见"气场"就像人类的精神名片，周围的人就通过这张精神名片来认识和评价你。所以，我们也要像那些成功的高情商人士学习，保持一种焕发的精神状态，把这张名片制作得更精美、更有影响、更让人难以忘记，并尽可能地把它散发到更广阔的天地。

让自己成为主角

不论别人怎么看待你，或者是在多么被动的环境下，你都要把自己当成主角，只有这样，你才能真正地成为主角，成功也才会格外垂青于你。

心理学家布伯曾用一则犹太牧师的故事阐述一个观点：凡失败者，皆不知自己为何；凡成功者，皆能非常清晰地认识自己。

失败者往往无法确定地对情境作出反应，他们不能认知自己，因此不知道怎么让自己成为主角，他们往往根据别人对自己的判断来确定对自身的判断，并因此而迷失了自己，最终也难逃失败的结局。

一个对生活感到迷惑的学生，一次在心理学教授罗尔斯下课后，找到了他，并询问这样一个"难题"："教授，有的男孩觉得我内向沉静，他们很欣赏我。另外一些男孩则认为我应该更热情、活泼些，您说我如何做才好呢？"

于是，罗尔斯教授向她讲了一个这样的故事：

从前，在夏威夷有一对双胞胎王子。有一天，国王想为大儿子娶媳妇了，便问他喜欢怎样的女性。

大王子回答："我喜欢瘦的女孩子。"知道了这消息的岛上年轻女性想："如果顺利的话，或许能攀上枝头作凤凰。"于是，大家争先恐后地开始减肥。

不知不觉，岛上几乎没有胖的女性了。不仅如此，因为女孩子一碰面就竞相比较谁更苗条，所以甚至出现了因为营养不良而得重病的情况。

但后来出现了意外的情况。大王子因为生病而过世了，于是，决定由其弟弟来继承王位。

于是，国王又想为小王子娶媳妇，便问他同样的问题。"现在女孩都太瘦弱了，而我比较喜欢丰满的女性。"小王子说。

知道消息的岛上年轻女性，开始竞相大吃特吃。于是，岛上几乎没有瘦的女性了，岛上的食物也被吃得匮乏，甚至连为预防饥荒的粮食也几乎被吃光了。最后，王子所选的新娘，却是一位不胖不瘦的女性。王子的理由是："不胖也不瘦的女性，更显青春和健康。"

与上面所说的失败者不同，成功者往往是能清晰认知自己，并把自己当主角的人。不管受到多少人的嘲讽，或者自己看起来有多么的渺小，他们都不会放弃让自己成为主角的权利。

美国职业足球教练文斯·伦巴迪当年曾被批评"对足球只懂皮毛，缺乏斗志"。

贝多芬学拉小提琴时，技术并不高明，他宁可拉他自己作的曲子，也不肯做技巧上的改善，他的同伴说他绝不是个当作曲家的料。

达尔文当年决定放弃行医时，遭到父亲的斥责："你放着正经事不干，整天只管打猎、捉狗捉耗子的。"另外，达尔文在自传上透露："小时候，所有的同伴和长辈都认为我资质平庸，我与聪明是沾不上边的。"

爱因斯坦 4 岁才会说话，7 岁才会认字。同伴给他的评语是："反应迟钝，不合群，满脑袋不切实际的幻想。"他还曾遭到退学的命运。

罗丹的父亲曾怨叹自己有个白痴儿子，在众人眼中，他曾是个前途无"亮"的学生，艺术学院考了三次还考不进去。他的叔叔曾绝望地说："孺子不可教也。"

托尔斯泰读大学时曾因成绩太差而被劝退学。同伴认为他："既没读书的头脑，又缺乏学习的兴趣。"

如果这些天才按照别人为他们设计的道路走，或者是受环境的影响，一辈子也不可能成才。他们明白，只有走专属于自己的道路，不为他人的议论所左右，让自己成为主角，才能创造出自己人生的辉煌。

玛丽亚·艾伦娜大学毕业后，产生了一个念头。在当时，美国个人电脑的价格在 8000 美元左右，而拉丁美洲的个人电脑价格要昂贵得多。她想，为什么不在拉美销售个人电脑，来开发这个非常有前景的市场呢？1980 年，她将自己的想法和许多主要的电脑公司交流过，并请求给她一个机会，在自己的国家销售他们的电脑。

"他们告诉我不要提这事，"玛丽亚·艾伦娜回忆说，"电脑销售执行经理们说，拉丁美洲正处于经济危机之中，许多国家都十分贫穷，那儿的人们没有钱来买电脑。因此他们认为拉丁美洲的市场太小了，根本不值得他们去开发。"

但玛丽亚·艾伦娜不这么认为，当别人只看到各种局限性的时候，她却看到了各种市场机会，并没有放弃努力，并开始在拉丁美洲的一些国家奔波着。

在三个星期的行程中，玛丽亚·艾伦娜旋风般地穿行于厄瓜多尔、智利、秘鲁和阿根廷。在每个国家，她都不辞劳苦地推销她手上的产品。她仅仅用三个星期的时间就接到了价值 10 万美元的订单和预先付款的现金支票。

渐渐地，玛丽亚·艾伦娜的销售额超过了百万美元。

后来，玛丽亚·艾伦娜又组建了一个新公司开始向非洲销售电脑，市场专家们又一次告诉她说非洲太穷了，根本就不适合个人电脑销售，尤其是在那样一个男人占统治地位的社会里，一个外国女性在非洲销售电脑就更不可能了。那时的玛丽亚·艾伦娜早已经习惯这些消极的反映了，她认为这些专家们的目光非常短浅，她相信自己对未来趋势的预见。

1991 年，她仅仅带了一份产品目录和一张地图就乘飞机到了肯尼亚首都内罗毕，开始了她的销售活动。她住进宾馆后，立刻拿起电话号码本开始联系当地的经销商。两个星期后，她带着价值 15 万美元的订单飞了回来。

几年之后，玛丽亚·艾伦娜的"国际高科技销售公司"登上了

《公司》杂志当年的 500 家发展最快的公司的排行榜。

这些成功的人士，都有着这样的人生哲学：在我的生活中，我就是主角。我们都要有像他们那样的自信，即使驾着的是一只脆弱的小舟，我们也要把舵掌握在自己手中，做自己生活的主角。

亲和力——创造气场的有力武器

一个人的亲和力在人际交往中十分重要，要想使别人认可你，并一直愿意与你交往下去，亲和力往往在其中起着非常重要的作用。

在日常生活中，我们经常会听到有人这样评价一个非常受欢迎的人："他看起来很亲切。""她让人不由自主地想接近。""跟他在一起十分惬意，我很愿意与他交往。"……这些其实都说明了一点，那就是亲和力在人际交往中的重要性。那些成功的人士，往往都是具有很强亲和力的人。

那是1960年10月的一天，在报社办公室里那张工作人员任务单上，科宁斯简直不敢相信自己的眼睛，反复把那一行字看了几遍：科宁斯——采访埃莉诺·罗斯福。

这不是非分之想吧？科宁斯成为西部报报社成员才几个月，还是一个新手呢，怎么会给他如此重要的任务？科宁斯拔腿去找责任编辑。

责任编辑停住手中的活，冲科宁斯一笑："没错，我们很欣赏你采访那位哈伍德教授的表现，所以派给你这项重要任务。后天只管把采访报道送到我办公室来就是了，祝你好运，小伙子！"

"祝你好运"，说得轻巧，科宁斯觉得自己即将面对的是前总统夫人，她不但曾和富兰克林·罗斯福共度春秋，而且有过不凡之举，而科宁斯觉得自己只是个毫无名气的毛头小伙子。

科宁斯急匆匆地奔进图书馆，寻找所需要的资料。科宁斯认真地将要提的问题依次排序，力图使其中至少有一个不同于她以前回答过的问题。最后，科宁斯终于成竹在胸，对即将开始的采访甚至有点迫不及待了。

采访是在一间布置得格外别致典雅的房中进行的。当科宁斯进去时，这位75岁的老太太已经坐在那里等他了。一看见科宁斯，她马上起身与他握手。她那敏锐的目光，慈祥的笑容给人以不可磨灭的印象。科宁斯在她旁边落座以后，便率先抛出一个自认为别具一格的问题。

"请问夫人，在您会晤过的人中，您发觉哪一位最有趣?"

这个问题提得好极了，而且科宁斯早就预估了一下答案：无论她回答的是她的丈夫罗斯福，还是丘吉尔、海伦·凯勒等，科宁斯都能就她选择的人物接二连三地提出问题。

罗斯福夫人莞尔一笑："戴维·科宁斯。"

科宁斯不敢相信自己的耳朵：选中我，开什么玩笑?

"夫人，"他终于挤出一句话来，"我不明白您的意思。"

"和一个陌生人会晤并开始交往，这是生活中最令人感兴趣的一部分。"她非常感慨地说，"你这么辛苦地采访我，真是非常感谢你……"

科宁斯对罗斯福夫人一个小时的采访转眼结束了。她在一开始就使他感到轻松自如，整个过程中，他无拘无束，十分满意。

这篇采访报道见报后获得全美学生新闻报道奖。然而科宁斯最重要的收获是：罗斯福夫人教给他的人生哲学——有时候亲和力比威严更让人怀念。多年来，科宁斯一直都要求自己做个像罗斯福夫人那样具有亲和力的人。

不但成功人士的亲和力让人觉得十分可贵，即使一个普通人的亲和力也往往会让人无限地怀念，从而成为个人的招牌。

有一天，美国著名职业演说家桑布思迁至新居不久，就有一位邮差来敲他的房门。

"上午好！桑布恩先生！我叫保罗，是这里的邮差。我顺道来看看，并向您表示欢迎，同时也希望对您有所了解。"他说起话来有一股兴高采烈的味道，他的真诚和热情始终溢于言表，并且他的这种真诚和热情让桑布恩先生既惊讶又温暖，因为桑布恩从来没有遇到过如此认真的邮差。他告诉保罗，自己是一位职业演说家。

"既然是职业演说家，那您一定经常出差旅行了？"

保罗点点头继续说："既然如此，那您出差不在家的时候，我可以把您的信件和报纸刊物代为保管，打包放好。等您在家的时候，我再送过来。"

这简直太让人难以置信了，不过桑布恩说："那样太麻烦了，把信放进邮箱里就行了，我回来时取也一样的。"

保罗解释说："桑布恩先生，窃贼会经常窥视住户的邮箱，如果发现是满的，就表明主人不在家，那您可能就要深受其害了。"桑布恩先生心里想，保罗比我还关心我的邮箱呢，不过，毕竟这方面他才是专家。

保罗继续说："我看不如这样，只要邮箱的盖子还能盖上，我就把信件和报刊放到里面，别人就不会看出您不在家。塞不进邮箱的邮件，我就搁在您房门和屏栅门之间，从外面看不见。如果那里也放满了，我就把其他的留着，等您回来。"保罗的这种认真负责的态度实在让桑布恩先生感动，但是他说话时带着的那种温暖的笑容更是深深地打动了桑布恩。以前的时候，桑布恩甚至从来没有注意过邮差是什么样子的，他只对自己能否按时拿到邮件感兴趣。

桑布恩在这个社区长久地住了下来，后来他才发现，感觉到保罗身上具有一种神奇魔力的并不是他一个人，社区的很多邻居都非常喜欢保罗，并亲切地称呼他为"我们的保罗"。

可见，亲和力是一种魔力，它使伟大人物变得如我们身边的人一样可以亲近，使普通的人身上充满着魅力的光环。在人际交往中，亲和力就像一个看不见的网，使很多人心甘情愿地被其俘虏。

谦虚成就伟大

　　谦逊是一个人建功立业的前提和基础。不论你从事何种职业，担任什么职务，只有谦虚谨慎，才能看到自己与成功者的差距，也才能保持不断进取的精神，增长更多的知识和才干。从而一步步走向成功。而骄傲自大，满足现状，停步不前，主观武断，轻者使工作受到损失，重者会使事业半途而废。

　　肖恩是一个刚刚毕业的大学生，不但面貌英俊，而且热情开朗。他决定找一份与人交往的工作，以发挥自己的长处。很快，他就得到一个好机会——一家五星级宾馆正在招聘前台工作人员。

　　肖恩决定去试试。于是，第二天清早他就去了那家宾馆。主持面试的经理接待了他。看得出来，经理对肖恩俊朗的外表和富有感染力的热情相当满意。他拿定主意，只要肖恩符合这项工作的几个关键指标的要求，他就留下这个小伙子。

　　他让肖恩坐在自己对面，并且开门见山地说："我们宾馆经常接待外宾，所有前台人员必须会说4国语言，这一指标你能达到吗？"

　　"我大学学的是外语，精通法语、德语、日语和阿拉伯语。我的外语成绩是相当优秀的，有时我提出的问题，教授们都支支吾吾答不上来。"肖恩回答说。

　　事实上，肖恩的外语成绩并不突出，他是为了获取经理的信赖，自己标榜自己。但显然，他低估了经理的智商。肖恩不知道，在他提交自己的求职简历时，公司已经收集了有关的详细信息，其中包括肖恩的大学成绩单。

　　听了肖恩的回答，经理笑了一下，但显然不是赏识的笑容。接着他又问道："做一名合格的前台人员，需要多方面的知识和能力，你……"经理的话还没说完，肖恩就抢先说："我想我是不成问题的。我的接受能力和反应能力在我所认识的人中是最快的，做前台绝对会很出色的。"

听完他的回答，经理站了起来，并且严肃地对他说："对于你今天的表现，我感到很遗憾，因为你没能实事求是地说明自己的能力。你的外语成绩并不优秀，平均成绩只有70分，而且法语还连续两个学期不及格；你的反应能力也很平庸，几次班上的活动你都险些出丑。年轻人，在你想要夸夸其谈时，最好给自己一个警告。因为每夸夸其谈一次，诚实和谦逊都要被减去10分。"

在我们的生活中，像肖恩这样的人并不少见。很多人只知道吹嘘自己曾经取得的辉煌，夸耀自己的能力学识，以为这样可以博得别人的好感和赞扬，赢得别人的信任，但事实上，他们越吹嘘自己，越会被人讨厌；越夸耀自己的能力，越受人怀疑。

俄国作家契诃夫曾说："人应该谦虚，不要让自己的名字像水塘上的气泡那样一闪就过去了。"

如果你认为自己拥有广博的知识、高超的技能、卓越的智慧，但如果没有谦虚镶边的话，你就不可能取得灿烂夺目的成就。

有一天，苏格拉底的弟子聚在一起聊天。一位出身富有的学生，当着所有同学的面，夸耀他家在雅典附近拥有一片广阔的田地。

当他在吹嘘的时候，一直在旁边不动声色的苏格拉底，拿出一张地图说："麻烦你指给我看，亚细亚在哪里？"

"这一大片全是。"学生指着地图扬扬得意地说。

"很好！那么，希腊在哪里？"苏格拉底又问。

学生好不容易在地图上找出一小块来，但和亚细亚相比，实在是太微小了。

"雅典在哪儿？"苏格拉底又问。

"雅典，这就更小了，好像是在这儿。"学生指着一个小点说着。

最后，苏格拉底看着他说："现在，请你指给我看，你那块广阔的田地在哪里呢?"

学生满头大汗地找,他的田地在地图上连一丝影子也没有。他很尴尬地回答道:"对不起,老师,我错了!"

我们所拥有的一切,和伟大的宇宙相比,实在是微不足道。当我们能以一颗谦卑的心面对一切时,那才是一种真正高尚的情操,世界上很多伟大的人都是非常谦虚的人。

19世纪60年代,在法国巴黎,法朗士等一批文学青年,准备创办一个文学刊物,他们写信给大文豪维克多·雨果,请求他写一封回信作为该刊的序言。

雨果几天后回了信,青年们打开一看,里面写着:"年轻人:我是过去,你们是未来。我是一片树叶,你们是森林。我是一支蜡烛,你们是万道霞光。我是一头牛,你们是朝拜初生耶稣的三博士(指光荣而幸运的人物)。我只是一道小溪,你们是汪洋大海……"看了回信,他们简直不能相信这是雨果写的,后经雨果女友朱丽叶特证实确是出自雨果之手,然而,他们担心此信会影响雨果的名誉,没敢发表。

其实,这封信恰恰是雨果谦虚品质的生动体现,它不仅无损大文豪的名誉,反而从另一侧面反映了他伟大和高尚的品质。

谦逊,是有所作为的前提和基础。只有不断发现自己的不足,永不自满,才能增长更多的知识和才干。感到自己渺小的时候,才是巨大收获的开始。

追求卓越

卓越是一个从平凡到优秀的过程，卓越的人有远见卓识而不人云亦云，卓越的人追求真理而永不懈怠。一个追求卓越的人，必定是充满自信、勤奋忘我、拼搏进取的人；一个追求卓越的团体，必定是朝气蓬勃、奋发图强、充满生机和希望的集体。人生可以平凡，但不应安于平淡，一个成功者必有追求卓越的态度和智慧。

追求卓越是 500 强企业对员工的一项重要标准。

杰克·韦尔奇曾告诫通用的员工："如果通用电气不能让你改变窝囊的感觉，那你就该离开这里。"通用电气要求每个员工都要追求卓越。

为了鼓励员工提升自己，通用电气把员工分成三类：前面业绩最好的占 20%，中间业绩良好的占 70%，最后面业绩较差的占 10%。

在通用，最好的 20% 的员工必须在精神和物质上受到爱惜、培养和奖赏，因为他们是创造奇迹的人。

最好的 20% 和中间的 70% 并不是一成不变的，人们总是在这两类之间不断流动，但是，杰克·韦尔奇说："依照我们的经验，最后的那10% 往往不会有什么变化。一个把未来寄托在人才上的公司必须清除那最后的 10%，而且每年都要清除这些人——以不断提高业绩水平，提高员工的素质。"

杰克·韦尔奇还说："通用的领导者必须懂得，他们一定要鼓舞、激励并奖赏最好的 20%，还要给业绩良好的 70% 打气加油，让他们不断进步。不仅如此，通用的领导者还必须下定决心，永远以人道的方式，换掉那最后 10%，并且每年都要这样做。只有如此，真正的精英才会产生，企业才会兴盛。"

日本的松下幸之助有一次发表讲话说："看到员工努力向上的情景，他感到非常欣慰。在这令人忧患的时代，本公司能很快从战争所带来的混乱中站起来，迈向复兴，就是因为我们比任何创业者都能争取上进。我认为人人必须不甘于平庸，努力向上，才能创造出佳绩。"

只有努力工作，懂得创造并且不甘于平庸的人才能得到更多的回报，而那些被动面对生活和工作的人，只能与平庸为伍。

很久以前，一位有钱人要出门远行，临行前他把仆人们叫到一起并把财产委托他们保管。依据他们每个人的能力，他给了第一个仆人10两银子，第二个仆人5两银子，第三个仆人2两银子。

拿到10两银子的仆人把它用于经商并且又赚了10两银子。同样，拿到5两银子的仆人也赚了5两银子。但是拿到2两银子的仆人把它埋在了地里。

过去了很长一段时间，他们的主人回来与他们结算。

拿到10两银子的仆人带着另外10两银子来了。主人说："做得好，你是一个对很多事情都充满自信的人。我会让你掌管更多的事情。现在就去享受你的奖赏吧。"

同样，拿到5两银子的仆人带着他另外的5两银子来了。主人说："做得好，你是一个对一些事情充满自信的人。我会让你掌管很多事情。现在就去享受你的奖赏吧。"

最后，拿到2两银子的仆人来了，他说："主人，我知道你想成为一个强人，收获没有播种的土地。我很害怕，于是把钱埋在了地下。"主人说道："又懒又缺德的人，你既然知道我想收获没有播种的土地，那么你就应该把钱存到银行家那里，以便我回来时能拿到我的那份利息。"

这个仆人原以为自己会得到主人的赞赏，因为他没丢失主人给的那2两银子，在他看来，虽然没有使金钱增值，但也没丢失，就算是完成主人交给的任务了，然而他的主人不这么认为。他不想让自己的仆人在等待中虚度年华，而是希望他们能主动些，变得更杰出些。

从上面的例子可以看出来，因为态度的不同，同样的工作，不同的人会干出不一样的效果。而干同样工作的人，也会有不同的体验和收获。

在工作过程中，追求卓越的人，都是自动自发找方法的人，他们确信自己有能力完成任务，有方法解决问题。这种人的个人价值和自尊是发自内心的，而不是来自他人，也就是说，他们不是凭着一时的冲动做事，也不是只为了老板的称赞，而是自动自发地、不断地追求卓越。

罗素·H. 康威尔说，"成功的秘诀无他，不过是凡事都自我要求达到极致的表现而已。"

每个人都有一种突出的才能，各有特色，不尽相同。无论你的特色是什么，你都不要把它藏起来，你应该积极地把你的才能发掘出来并发挥得淋漓尽致。

事实上，面对激烈的竞争，每个人都应该不断地超越平庸，追求卓越，事物永远没有"够好"的时候，只有把它"做得最好"才能真正成功。